# Felicidade & Trabalho

*Dá pra Juntar*

A meus mestres, Joelson Trindade e Getulio Giacoia.

A todos aqueles que, ao longo da minha vida, me proporcionaram oportunidades de trabalho e de aprendizado.

À Nana, minha mãe, de quem herdei a paixão pela vida e pela música.

A Daniel e Débora, meus filhos, na esperança de que o relato de meu aprendizado possa ajudá-los na fascinante caminhada da vida.

À Lena, minha mulher, com quem aprendi o que sei de amor.

****************************************

Agradecimentos especiais:
À minha irmã, Marilene Batista Fernandez da Cruz, e ao amigo Luiz Carlos Cassano Junior, pela análise do texto e pelas críticas que fizeram, para o aperfeiçoamento deste trabalho.
A Silvana de Aguiar, pelas muitas lições que dela recebi e que agora procuro transmitir aos meus leitores.
A Luiza do Valle, pela cuidadosa e enriquecedora revisão do texto.
Ao amigo Eurípedes Rodrigues dos Reis, pelo incansável apoio para viabilizar a publicação deste livro.

# Sumário

# Prólogo

## *Quando comecei...*

Quando dei início à empreitada de escrever este livro, não o imaginava como algo que tivesse um encadeamento de ideias, do início ao fim. Pretendia apenas transmitir, sem a obrigação de apresentar uma cadeia de ideias ordenadas, coisas que aprendi ao longo da minha vida e que resultaram no amadurecimento da minha relação com o trabalho e com os elementos nele presentes, desde as pessoas com quem convivemos até as situações com que nos deparamos e os sentimentos que elas provocam.

Aos poucos, porém, fui vivenciando a experiência frequentemente relatada por outros autores, segundo a qual, em determinado momento, a obra parece ganhar autonomia e passa a ditar seu rumo a quem a escreve.

À medida que passava para o papel as ideias que me chegavam de forma um tanto caótica, sem ordenação, comecei a perceber um fio condutor que me convidava a tentar ligar os capítulos isolados.

Não pude resistir a tal convite e entreguei-me ao trabalho de organizar e compor os capítulos, de modo a formarem um todo.

Com isto, a tarefa cresceu muito e estendeu-se por prazo bem maior do que o inicialmente imaginado.

Espero que o esforço adicional seja compensado pela sua aprovação, caro leitor, alvo deste trabalho.

## Sem cobranças

Como disse, a proposta do livro é relatar-lhe coisas ligadas ao meu aprendizado e que considero relevantes para o bem viver. Elas são fruto de minhas leituras e observações sobre o tema e do que aprendi ouvindo e observando as pessoas que fui encontrando na minha caminhada.

Peço-lhe, portanto, que não me cobre precisão acadêmica. Não tenho esta pretensão. Tento, apenas, ser um observador e um comentarista da vida, como eu a vejo e segundo meu aprendizado.

Por isto mesmo o livro não é voltado para pessoas que acham que já sabem tudo. Ele se destina a pessoas iguais a mim, aquelas que sabem que não sabem tudo e estão dispostas a receber contribuições para a formação de suas convicções.

Tendo tal proposta, eu o ofereço como uma espécie de autosserviço de ideias, em que cada leitor poderá dispor daquelas que lhe parecerem mais interessantes e atraentes, para seus propósitos de bem viver.

## Um sistema de equações muito complexo

Ao longo do livro, apresentarei algumas catalogações de características do ser humano, mas apresso-me em reconhecer que isto é, apenas, uma simplificação destinada a facilitar o estudo dos temas a que me proponho.

Numa linguagem matemática, poderíamos dizer que o ser humano é um sistema de equações com número infinito de variáveis e, como consequência, com número infinito de respostas.

Não seria cabível, portanto, querer reduzi-lo a um sistema simples, com poucas variáveis.

Ocorre que algumas delas são mais facilmente perceptíveis e impactantes no comportamento humano, o que facilita seu estudo e torna-o muito útil para a reflexão sobre as questões aqui tratadas.

Assim, ainda que reconhecendo o quão limitado é tal estudo, valho-me dele por estar seguro de que o conhecimento de tais variáveis e de seus efeitos pode ajudar muito a alguém que busca capacitar-se quanto aos ingredientes da felicidade aqui analisados.

## *Fertilizando a terra*

Você joga uma semente na terra e ela não resulta em boa planta.

Adiante, você joga outra e ela dá boa planta, porque o terreno é fértil para isto.

Assim é com livros e com aprendizados.

Quando li alguns dos livros que são base do meu aprendizado para este trabalho e para minha relação com a vida, muitas boas ideias neles contidas não me despertaram a atenção. Eu não estava preparado para captá-las.

Mais tarde, fertilizado por lidar com as ideias centrais deste livro, voltei a elas e pude descobrir muitas coisas que já estavam lá, mas que eu não fora capaz de perceber em suas corretas dimensões.

Isto me permite esperar que meu livro possa servir de preparo para outras leituras aqui citadas e recomendadas.

Afinal, você vive a se relacionar consigo mesmo, com os outros, com a vida, com o tempo, com o trabalho.

Quanto mais puder ler e aprender sobre os segredos que ajudem estes relacionamentos a serem bons, quanto mais fértil você estiver para tal aprendizado, melhor será.

## *Poeira e transcendência*

A vida é extremamente complexa, desde o extraordinário funcionamento do corpo e da mente humana até as interações de cada ser humano com outros indivíduos, com as sociedades, com outras espécies, com o planeta e com o universo.

Num aparente paradoxo, a vida se torna mais simples para aqueles que, conseguindo reconhecer esse contexto de tanta complexidade, nele se situam corretamente, reconhecendo, em si e em cada ser humano, a poeira que somos e, ao mesmo tempo, a transcendência que podemos alcançar.

Se este livro for, para você, a abertura de um canal pelo qual você possa descobrir a força da simplicidade e, assim, desenvolver um aprendizado sobre suas relações com a vida, ele terá cumprido sua finalidade.

# Uma breve introdução

Conheço o Carlos Cesar Ribeiro Batista há muitos anos. Primeiramente, como colegas de trabalho, depois, como ele recebeu a incumbência e o desafio, na empresa em que trabalhávamos, de chefiar uma área de grande importância para a nossa Organização, e como ele confiava em mim, me convidou para fazer parte de sua equipe. Passou, então, a ser meu chefe. Foram anos gloriosos e de grande aprendizado. Nossa parceria foi um sucesso. A convivência, quase que diária, com o Carlos Cesar, foi enriquecedora para mim, e me proporcionou grandes lições.

Ele é, por natureza, um educador. Conheço muito poucas pessoas que sabem ouvir como ele. Tem uma capacidade imensa de perceber as sutilezas que envolvem um assunto, um tema, uma ação. Consegue, ao mesmo tempo, ser crítico sem ser grosseiro e compreende com incrível facilidade, como contribuir para aperfeiçoar e melhorar uma ideia apresentada.

Terminada essa etapa, de grande influência na minha vida, tomamos rumos profissionais diferentes. Mas a amizade e o respeito mútuo perdurou, se firmou, e hoje, passados outros tantos anos, minha admiração por ele continua mais firme e conservamos nosso vínculo, mesmo com a distância física.

O Carlos Cesar é uma pessoa eclética. Compositor talentoso, tem no seu repertório um conjunto de várias músicas muito lindas, e trago comigo, também, a esperança de que algum cantor de sucesso, um dia ainda irá descobrir.

Agora o Carlos Cesar chega com seu livro, onde ele reúne sua experiência e habilidade no trato com o ser humano. Leitura agradável e atraente, com um estilo simples e direto. Ao ler o livro, ainda em rascunho, não tive como não me lembrar das lições que aprendi com ele. E, de uma forma elegante e espirituosa, ele transmite conceitos bastante modernos e aplicados no cotidiano de todas as pessoas, nas mais variadas circunstâncias. Faz um apanhado amplo de tudo o que ele aprendeu e testou, como líder de grupos, para práticas de sucesso.

**Trabalho** e **sacrifício** são duas palavras que nossa sociedade considera muito próximas em significado, onde, sacrifício significa renúncia de alguma coisa. A bem da verdade, a palavra sacrifício é formada pelas palavras *sacro*, relativo a sagrado, e *ofício*, relativo a trabalho. Nesse livro, Carlos Cesar mostra ser absolutamente possível unir trabalho e prazer. Depende da forma como você se relaciona com a atividade que exerce e com os mecanismos de conexão que estabelece, na sua relação com o seu trabalho.

Compartilha conosco lições de grande alcance e, quem tiver abertura para o novo, certamente terá ao final da leitura, adquirido e consolidado conceitos muito importantes para seu aprimoramento como pessoa. O livro **não tem** como objetivo somente discutir e confrontar competências, mas, sim, trazer – como proposta – ideias que nos levem a agir além do convencional e do lugar-comum.

Ave Cesar!!!

*Eurípedes Rodrigues dos Reis*

# 1

# A corrida de espermatozóides

*Desde que eu ganhei*
*Aquela corrida de espermatozóides*
*E conquistei a vida*
*Puxa! Como tenho corrido*
*Puxa! Como tenho sofrido...*

(Versos de "Corrida de espermatozóides",
um rock de minha autoria)

A julgar pela experiência que estou vivendo, escrever um livro tem muito de um quebra cabeça, em cuja montagem há inúmeras decisões a tomar. Uma das mais complicadas é definir como começá-lo.

Depois de muitos ensaios, optei por iniciar pela corrida de espermatozóides, começo de tudo, para mim e para cada leitor.

Pois no primeiro momento da sua existência, você precisou participar de uma corrida dessas e conseguiu ganhá-la. Ao fazê-lo, lançou-se no desafio da vida, com seus mistérios, incertezas, bons e maus momentos, tristezas e alegrias, dificuldades e êxtases.

Esse "lançar-se na vida" é semelhante a pular de um trampolim. Depois que se pulou, não dá para fazer como nos desenhos animados, nos quais os personagens conseguem, às vezes, contrariar a lei da gravidade e voltar no ar, para se agarrar à borda do precipício, nem dá para usar aquele efeito de rodar o filme ao contrário e, voltando à cena inicial, retornar à segurança da plataforma.

Pulou, vai ter que chegar lá embaixo e lidar com as consequências.

Acontece que, tanto quanto no mergulho de um trampolim, completar o salto para a vida é, para a maioria das pessoas, uma experiência fascinante, mesmo que, às vezes elas também passem por momentos não prazerosos.

Ainda que, ao longo deste livro, eu vá falar muito sobre queixas e correrias, a letra do rock apresentada na abertura deste capítulo é apenas uma brincadeira, não uma queixa real.

Na verdade, ganhar a corrida inicial de sua existência proporciona a cada ser humano, a possibilidade de viver. Conquistada esta oportunidade, o negócio é aproveitá-la muito bem e, para isto, convém não perder tempo com reclamações quanto às dificuldades que às vezes aparecem, até porque, se não queria passar por elas, não deveria ter tido tanto empenho na corrida de espermatozóides que disputou.

Portanto, ganha a corrida, vamos à vida, que ela é muito boa e vale a pena de passarmos, às vezes, por alguns momentos ou períodos tristes.

Há alguns anos, recebi do conceituado urologista Demerval Mattos Jr., meu médico nos tempos em que morei em São Paulo, um cartão de aniversário com a seguinte frase:

– *A felicidade é a vocação do homem.*

Guardei-a comigo, porque, de certa forma, ela sintetiza algo essencial no meu jeito de ver a vida e, por isto, estará presente ao longo deste livro.

Acredito que o entusiasmo que cada um de nós demonstrou na primeira corrida que disputou está inteiramente relacionado com a vocação do ser humano para a felicidade.

# 2

# E por falar em felicidade...

*"Para que tanta ambição, tanta vaidade*
*Procurar uma estrela perdida*
*Quase sempre o que nos traz felicidade*
*São as coisas mais simples da vida.."*

(Versos de uma canção do compositor Braguinha)

## Seu Osvaldo

Eu trabalhava na obra do Aeroporto Internacional do Rio de Janeiro – estávamos em 1976 – e fazia psicanálise em São Conrado, o que me levava a atravessar a cidade uma vez por semana.

Nesses dias, para escapar do horário de *rush* e conseguir chegar a tempo à sessão de análise, eu saía do trabalho às dezessete horas e tinha a oportunidade de dar carona ao Seu Osvaldo, faxineiro do escritório da obra, que terminava sua jornada naquele horário.

Saíamos do canteiro de obras, localizado na Ilha do Governador, e eu o deixava perto da Avenida Brasil, onde ele pegava seu ônibus.

No caminho, altos papos. E um deles marcou minha vida.

Seu Osvaldo era uma pessoa muito humilde, mas visivelmente de bem com a vida.

Fazia seu trabalho com amor e proporcionava aos que o cercavam um convívio agradável, enriquecido por um cavaquinho meio gago que, nos churrascos que fazíamos no canteiro de obras, ele arranhava.

Não me lembro como começou a conversa, mas sei que lá pelas tantas, ele disse duas frases que nunca mais esqueci:

– Doutor, sou um homem muito feliz. Tenho minha família, meu trabalho, meu INPS...

– Caramba – pensei –, família e trabalho, "tô dentro"; mas se eu só tivesse um INPS, estaria arrasado, e ele está feliz porque tem isso (desde aquele tempo, como até hoje, a saúde pública brasileira era lamentável, com raras e honrosas exceções).

Sempre procurei prestar muita atenção na vida, para tentar entender seus movimentos e, deste modo, aprender a distinguir coisas que pudessem ser essenciais.

Por isso, eu sabia que aquelas frases do Seu Osvaldo eram uma boa pista para minhas tentativas de entendimento da vida.

É bom que eu logo diga que minha busca não terminou – acho, mesmo, que ela nunca termina –, mas é confortador sentir-se no caminho certo e fazer descobertas.

E ali estava uma.

Nos anos seguintes, observando pessoas que se mostravam infelizes, embora instaladas nos níveis mais altos da pirâmide social, lembrava-me do Seu Osvaldo e de sua felicidade.

Juntei as duas coisas e começou a revelar-se para mim que, dinheiro podia ajudar, mas não tinha uma relação direta com felicidade.

É claro que o dinheiro tem importância no tipo de sociedade em que vivemos, mas o que eu descobria, nessa reflexão, era que a felicidade tem mais que ver com a forma como a pessoa se relaciona com a vida, algo interior, do que com alguns fatores externos, aparentemente muito poderosos, mas incapazes de sustentar até mesmo a vontade de uma pessoa continuar viva.

Muitos anos depois, envolvido na pretensiosa aventura de escrever um livro que tem a felicidade no trabalho como foco, esta ideia permanece viva e se reforçou como uma de minhas crenças a respeito do tema.

Por isso, antes de falar da ligação entre trabalho e felicidade, permito-me revelar um pouco de meu aprendizado sobre o assunto.

## O lugar da felicidade

A felicidade é uma experiência íntima.

Na belíssima canção "Tocando em frente", Almir Sater e Renato Teixeira conseguem ser mais do que precisos, exatos, quando dizem:

*"Cada um de nós compõe a sua própria história*
*E cada ser, em si, carrega o dom*
*De ser capaz de ser feliz".*

Por mais que se esteja cercado de pessoas e de coisas, a felicidade se passa dentro da pessoa e só ela pode senti-la.

Há alguns anos, assisti uma ótima entrevista de Paulo Coelho, no programa "Manhattan Connection".

Em certo momento, conversava-se sobre fé e o consagrado escritor disse não acreditar em catequese, expressando sua convicção de que a fé é uma experiência individual, intransferível.

Creio que o mesmo se passa com a felicidade.

É claro que podemos compartilhar bons momentos com outras pessoas, mas não dá para fazer uma transfusão de felicidade como se faz uma transfusão de sangue.

A gente vê por aí ou ouve falar de pessoas que buscam alimentar sua "felicidade" em festas diárias, ou nas drogas, ou em maratonas sexuais.

Ainda que algumas dessas experiências possam ser prazerosas, elas não resultarão em felicidade, na medida em que sejam externas à pessoa que as vive.

Impressiona-nos conhecer pessoas que, embora submetidas a grandes limitações físicas, se mostram felizes. Se as observarmos bem, veremos que vivem uma rica vida interior.

Isto se dá, acredito, porque a felicidade está mais ligada à paz – algo mais permanente – do que à alegria – fugaz, passageira – e a paz parece florescer e manter-se viçosa no fértil terreno do "gostar de si mesmo", do "estar bem consigo mesmo" e, como consequência, do "gostar dos outros e da vida".

O lugar da felicidade, muita gente já disse isto, é dentro de você.

## *Um encontro com você*

A felicidade sempre começará por um encontro verdadeiro consigo mesmo e se desenvolverá, na medida em que você consiga manter-se ligado às coisas mais essenciais.

Não é algo simples de se conseguir, mas este é o caminho.

O erro ocorre quando a pessoa imagina encontrar a felicidade fora de si mesma.

Por imaginar isto, ela tenderá a procurá-la no oposto, vale dizer, externamente e no supérfluo.

Projetará, então, sua expectativa de felicidade em festas, viagens, poder, consumo etc., mas, ao vivenciar essas situações tão idealizadas, as descobrirá como meros e fugazes momentos de prazer.

Nada contra tais momentos, porém. Se a pessoa está bem consigo mesma, os bons momentos cairão sobre ela como a chuva que irriga a terra e, fértil para vivê-los, saberá saboreá-los com tal intensidade que eles ficarão, para sempre, alimentando sua felicidade. Se estiver mal, poderá aproveitá-los, mas eles serão uma fuga, que se tornará clara, quando a pessoa voltar à realidade.

Tudo isto se passa dentro de você e, quando ocorre esse encontro interior, ele lhe predispõe a curtir a vida de forma mais plena e a proporcionar prazer e paz a quem está à sua volta.

Ao contrário disto, se você não está bem consigo mesmo, tende a não apreciar sua vida e a não estar bem com outras pessoas, oferecendo-lhes sua face mais amarga.

A felicidade tende a estar no simples, mas encontrar-se com sua simplicidade não é assim tão fácil.

Há mil condicionantes sociais que nos atraem e, impondo-se, nos cobram um afastamento do ser simples, puro, original que cada pessoa é.

O encontro com a felicidade tende a ser a comunhão – entendida como equilíbrio e integração – do ser simples, puro e essencial que cada um de nós é com o ser racional que precisamos aprender a ser.

## Alegria e Tristeza – Felicidade e Infelicidade

*"Acho que a felicidade é um estado de espírito que independe dos acontecimentos externos. Faço uma distinção entre alegria, causada por eventos externos e felicidade, uma atitude interior. Portanto, neste sentido, a felicidade existe como uma atitude frente à vida."*

(Luiz Alberto Py, psiquiatra, em entrevista a Carla Andrade)

Felicidade e bons momentos não são a mesma coisa, assim como infelicidade e maus momentos também não são.

É por isso que encontramos pessoas que aparentemente têm muito pouco e vivem felizes e outras que parecem ter tudo e se revelam infelizes.

Tristeza e alegria são conjunturais, efêmeras. Variam, a cada momento, com os fatos do dia a dia. Felicidade e infelicidade são estruturais e, portanto, mais estáveis, menos suscetíveis às marolas da vida cotidiana.

Uma pessoa que se gosta e que está de bem com a vida, alguém que consegue ter uma rica e serena vida interior, pode passar – e provavelmente passará, porque todos estão sujeitos a essas situações – por momentos tristes, como doenças, perdas etc.

Uma pessoa assim não foge desses momentos. Permite que a tristeza entre em seu coração e que faça seu percurso, escoando naturalmente por seu interior, até diluir-se.

É capaz de agir assim porque, mesmo nesses momentos, não se sente privada da paz que em última análise, sustenta sua felicidade, nem se sente obrigada a ser infeliz, porque a vida lhe trouxe tristezas.

Aceita-as e lida com elas, deixando que o tempo faça seu trabalho e lhe propicie a criação de condições para a retomada do curso de sua vida e de sua felicidade.

No extremo oposto deste quadro comportamental, estão aquelas pessoas que, embora infelizes, podem passar por momentos de alegria.

Quando se deparam com um bom momento, relacionam-se com a alegria com grande cerimônia, quase com vergonha, como que se defendendo daquela experiência inevitável e até desconfortável, na medida em que se contrapõe à obrigação, nelas internalizada, de serem infelizes.

Tudo isto, repito, se passa dentro delas.

Pessoas felizes não estão livres de problemas e pessoas infelizes podem viver bons momentos, e é por isto que acredito ser a felicidade produto de uma escolha e que somos nós que semeamos em nosso interior a opção pela felicidade ou pela infelicidade.

# 3

# *Felicidade e trabalho – Dá pra juntar*

*"O homem se humilha, se castram seu sonho*
*Seu sonho é sua vida e a vida é trabalho*
*E sem o seu trabalho, um homem não tem honra*
*E sem a sua honra, se morre, se mata...*
*Não dá pra ser feliz, não dá pra ser feliz*
*Não dá pra ser feliz, não dá pra ser feliz."*

(Versos da canção "Guerreiro Menino", de Gonzaguinha)

## *Felicidade e trabalho*

A felicidade não tem receita única. Cada pessoa faz a sua receita, misturando na proporção que lhe convém, os diversos ingredientes que a vida propõe.

A Madre Teresa de Calcutá construiu sua felicidade com uma receita muito diferente da minha e daquela que o Seu Osvaldo usava, assim como será diversa a receita adotada por um índio primitivo, no meio da selva.

Parece, porém, que alguns ingredientes são comuns à maioria dos indivíduos e o trabalho se configura como um desses ingredientes, ao contribuir para dar sentido à vida das pessoas que o realizam.

## *Dá pra juntar?*

Não só dá, como tem que juntar.

É lugar comum justificar-se a necessidade de ter prazer no trabalho com o argumento de que nele a gente passa a maior parte da nossa vida.

Ocorre que, neste argumento está implícita, de certa forma, a ideia de condenação ao trabalho, como se pensássemos:

– Já que é inevitável, já que estamos condenados a passar a maior parte da nossa vida convivendo com o trabalho, procuremos encontrar uma forma de torná-lo menos penoso.

Em inspiradora palestra, num encontro sobre desenvolvimento gerencial, na Justiça Federal do Rio de Janeiro, o psiquiatra Dimas Soares Gonçalves destacava a visão do trabalho como danação, contida no Antigo Testamento, quando o Criador definia que o castigo de Adão, por ter pecado, seria "comer o pão com o suor de seu rosto". O palestrante mencionava, também, a ideia muito comum na mente das pessoas, de divisão do tempo entre horas de trabalho e horas para sermos felizes.

Propunha, então, um contraponto a essa visão do trabalho como castigo, apresentando-o como algo que dignifica e proporciona realização às pessoas e, ao fazê-lo, remetia-nos à inspirada e significativa interpretação do papel do trabalho na vida do ser humano, feita pelo grande Luiz Gonzaga Jr. e que inscrevi na abertura deste capítulo.

Ainda que possa ter sido originalmente percebido como castigo e que, para muitos, continue a carregar esse estigma, o trabalho exerce, hoje, na vida das pessoas, papel fundamental como ingrediente da felicidade.

Pessoas que encontram prazer e significado em seu trabalho revelam uma energia, um prazer pela vida, que não se vê em pessoas insatisfeitas com seu trabalho.

Por que isto acontece e como juntar trabalho e felicidade são questões que procurarei responder, ao longo deste livro.

Adianto que uma de minhas fontes foi o excelente livro "A Força e o Poder das Equipes", de Jon R. Katzenbach e Douglas K. Smith, no qual encontrei, com riqueza de detalhes de pesquisas, eco às minhas observações pessoais, as quais me remetem a acreditar na possibilidade e, mais ainda, na conveniência de juntarmos felicidade e trabalho.

# 4

# Ingredientes da felicidade

A principal proposta deste livro é a análise de meios para juntar felicidade e trabalho e, para isto, precisamos estudar alguns elementos que têm influência direta sobre os resultados a que podemos chegar na busca da felicidade.

Não tenho qualquer pretensão de esgotar assunto tão vasto e tão complexo quanto são a felicidade e seus ingredientes. Por isto mesmo, dedicarei atenção, apenas, a alguns elementos que, ainda que possam estar ligados à felicidade de forma mais ampla – vale dizer, à vida profissional e, também, à vida pessoal – relacionam-se, mais diretamente, com a felicidade no trabalho.

Não falarei, por exemplo, de amor e família, porque não são alvos do livro e porque estão relacionados de forma menos direta, com a ligação entre felicidade e trabalho.

Nem por isto, porém, eles estarão sendo ignorados ou desprezados, porque um ser humano que consegue aprender a dosar os ingredientes que lhe darão felicidade no trabalho também estará mais apto a fazê-lo na vida afetiva, e vice-versa.

Trataremos, portanto:

- de autoconhecimento;
- daquilo que eu chamo de "relação com a vida";
- da relação com o tempo;
- de relações interpessoais;
- da relação com o trabalho e com instituições e equipes.

# 5

# Autoconhecimento

*"São tantos canais de TV e nada me interessa*
*Jornais e revistas pra ler, que eu folheio sem pressa*
*Quem sabe um passatempo, palavras cruzadas*
*Ligar para os amigos, linhas ocupadas...*
*A solidão é um perigo*
*Que medo que me dá*
*D'eu me encontrar comigo*
*A solidão é um perigo*
*Que medo que me dá*
*D'eu me encontrar comigo."*

(Versos da canção "Palavras Cruzadas", de minha autoria)

## A importância do autoconhecimento

Como a felicidade é uma experiência íntima e individual, um dos elementos que têm influência direta sobre ela é o autoconhecimento.

A vida lhe propõe escolhas cotidianamente. Fazê-las sem conhecer-se é, quase sempre, um caminho para não se chegar a bons lugares.

Afinal, se a felicidade vai morar dentro de você, é preciso que você se conheça o suficiente para saber abrir-lhe as portas e para sempre oferecer-lhe a opção de ficar, quando, por alguma razão, ela pareça querer deixá-lo.

Este livro contém algumas informações e instrumentos que têm por base características comuns a todos os seres humanos, ou, em outros casos, comuns a muitos seres humanos e que, por isso mesmo, poderão ajudá-lo a se conhecer.

De algum modo, ainda que como pano de fundo, também estarão presentes nas reflexões que farei, coisas como "gostar de si mesmo" e sobre "estar bem consigo mesmo", por estarem diretamente ligadas à felicidade e por só serem viáveis na medida em que a pessoa consegue conhecer-se suficientemente.

## *A Janela de Johari*

Não somos tão transparentes assim, nem para os outros, nem para nós mesmos. É por isso que, às vezes, fazemos coisas sem entender o por quê.

Dois psicólogos, Harry Ingham e Joseph Luft, nos apresentaram a uma janela dividida em quatro quadrantes, cada um deles representativo de um campo de conhecimentos a respeito do indivíduo.

Chamaram e classificaram esses quadrantes de:

EU ABERTO – Conjunto de informações a respeito da pessoa que são conhecidas por ela e pelos outros.

EU CEGO – Conjunto de informações que são conhecidas pelos outros e desconhecidas pela pessoa.

EU OCULTO – Conjunto de informações que são conhecidas pela pessoa e desconhecidas pelos outros.

EU DESCONHECIDO – Conjunto de informações que não são conhecidas, nem pela pessoa, nem pelos outros.

A Janela de Johari aplica-se a todas as abordagens de que tratarei aqui a respeito de autoconhecimento – Hierarquia de Maslow, Sistemas de Pesquisas de Perfis Pessoais ("PI" e outros), Teoria de Ação e Desenhos Humanos – porque todas elas tratam de informações a respeito da pessoa, enquadráveis, portanto, em uma das quatro opções acima.

Em seus estudos, Ingham e Luft destacaram que as informações sobre um indivíduo podem migrar de um quadrante para outro, na medida em que, em suas relações interpessoais, ele consiga abrir-se mais, numa troca com outros.

Quando isto acontece, duas coisas ocorrem:

- A pessoa pode aprender mais sobre si mesma, pelo mecanismo de receber "feedback".
- Coisas que só ela sabia podem passar ao conhecimento do grupo com que interage, pelo mecanismo de dar "feedback".

Vale registrar que, sob a ótica da geração de autoconhecimento, o terapeuta que atua na área da psicologia clínica trabalha para ampliar, para seu cliente, o horizonte da Janela Johari, tentando possibilitar que a pessoa tenha acesso a coisas que ela não veria, sem auxílio.

## *Caminho da vontade e forças subjacentes – Comandos internos*

– Vou comprar pão.

Você acabou de tomar uma decisão baseada num fluxo do seu pensamento que transitou pelo seu campo consciente.

Decisão tomada, você sai de casa e caminha em direção à padaria. De repente, mesmo sem qualquer motivo para ter pressa, vê uma "oportunidade" de andar mais rápido e, num impulso, atravessa a rua correndo, sem esperar que o sinal feche para os carros.

Deu tudo certo, você conseguiu chegar ao outro lado, mas aquele carro que passou a pequena distância de você lhe faz pensar:

– Bobagem! Eu não devia ter feito isto. Corri um risco desnecessário.

Muitos acidentes de trânsito e atropelamentos são causados por pessoas tomadas por uma pressa que, mais tarde, se conseguem escapar vivas, não têm como justificar.

No fundo, o que as fez agir assim foram **comandos internos**.

No caso do exemplo, o impulso comandante é o da pressa.

Os **comandos internos** são poderosos, pela força que possuem e porque, quase sempre, acessam a sua vontade sem que você se dê conta. Agem como forças subjacentes que influenciam, às vezes dramaticamente, suas decisões.

Impulsos não são necessariamente ruins, mas aqueles que nos impelem a cometer erros ou imprudências, certamente o são.

E um dos grandes problemas que temos para lidar com eles é o fato de atuarem por meio de uma ligação direta com nossas vontades, sem que sejam facilmente perceptíveis.

Mesmo quando temos conhecimento de sua existência, é comum só percebermos que agimos sob a influência deles depois de nossos atos já terem produzido efeitos indesejáveis.

Por isso mesmo, é bom tentar conhecê-los, para melhor lidarmos com eles, no trabalho e fora dele.

No sentido aqui analisado, avançar no autoconhecimento é saber mais sobre alguns dos comandos internos que governam nossas ações.

Evoluir neste aprendizado nos habilita, também, a conhecer melhor as outras pessoas e, assim, a desenvolver mais empatia pelo aumento de nossa capacidade de nos colocarmos no lugar delas.

# 6

# Comandos internos

*"Porque metade de mim é o que eu penso*
*e a outra metade é um vulcão".*

(Oswaldo Montenegro)

## *Comandos em ação*

Alguns comandos internos nascem conosco (sugar, por exemplo) ou já estão em nós no momento em que se inicia nossa luta pela existência, como o comando "Corra" a que os espermatozóides obedecem.

Saber em que momento eles se instalaram em nós não faz diferença, sob a ótica deste trabalho, mas estudos comprovam que até mesmo antes do nascimento, o bebê recebe influências do ambiente e das pessoas.

Anos depois, já adulta, inserida num ambiente de trabalho onde busca sobrevivência econômica e realização pessoal, a pessoa, muitas vezes, toma atitudes das quais, mais tarde, se arrepende.

E aí, com a cabeça mais fria, é possível que consiga reconhecer que agiu por um forte impulso, que se revelou incontrolável naquela circunstância.

Por que às vezes a gente age assim, adotando atitudes que não gostaria de tomar?

Voltemos àquelas influências remotas, que cada um de nós recebeu na infância.

O que elas têm que ver com nossas atitudes de agora?

É difícil estabelecer as relações diretas do passado remoto com o presente e o futuro, tarefa de que se incumbe a psicanálise.

Para o propósito deste estudo, importa apenas saber que existem essas relações e que elas têm um peso extraordinário na nossa vida.

Sejam quais forem os meios para isto, o fato é que a pessoa vai acumulando em sua mente essas influências, que se convertem em comandos extremamente poderosos.

Esses comandos atuam permanentemente em nosso inconsciente, interferindo quase sempre de forma imperceptível, na nossa vontade.

E aí, a cada instante, sem saber por que está agindo de determinada forma, a pessoa adota comportamentos que, na verdade, ecoam os comandos que moram dentro dela.

Existem comandos que, pela força com que se instalam em nós, podem ser considerados "estruturais", porque são dominantes e tendem a definir nosso comportamento, sempre que estamos sob o governo de nossos impulsos.

Há outros, a que chamarei de "comandos sociais", que não são tão profundos, não fazem parte dessa estrutura, mas incorporam-se aos hábitos comportamentais que desenvolvemos e também acabam por interferir em nossos atos e vontades.

Em capítulos específicos deste livro, vou apresentar alguns diferentes cortes de comandos internos "estruturais" – a hierarquia de necessidades de Maslow, as características de personalidade reveladas por sistemas de pesquisas de perfis pessoais, com ênfase no sistema "PI – Predictive Index" e os valores componentes da "Teoria de Ação" – e falarei, também, dos importantes "comandos sociais".

## *Comandos Estruturais*

Existem comandos internos tão poderosos que se constituem em algo que podemos chamar de estrutura da personalidade de um indivíduo. São os comandos que aqui chamo de "estruturais".

Uma das estruturas de comandos mais conhecidas é a hierarquia de Maslow, que nos apresenta um elenco de necessidades que governam o comportamento dos seres humanos.

O sistema PI, apresentado com mais detalhes em um apêndice no final do livro, e outros que pesquisam perfis pessoais, propõem-se a analisar, de outros ângulos, o comportamento de cada ser humano, a partir de características estruturais que, com alto nível de acerto, cada método consegue pesquisar, seja por meio de entrevistas, seja pelo processamento de questionários preenchidos pela própria pessoa e pela interpretação dos resultados de tal processamento.

Falaremos, também, da "teoria de ação de um indivíduo", estudada por Chrys Argyris e Donald Schon.

Todos esses sistemas nos revelam comandos muito poderosos, de caráter estrutural, que atuam sobre o comportamento de cada indivíduo.

## Comandos Sociais

Outro corte que podemos fazer quanto a características de personalidade é o daquelas que eu chamo de comandos sociais.

Embora não estruturais, isto é, não tão profundamente ligados à personalidade e, por isto, menos difíceis de serem modificados (porém não chega a ser fácil fazê-lo), os comandos sociais são suficientemente importantes para influenciar o comportamento e, em consequência, os resultados da interação de uma pessoa com outra, ou com seu grupo.

Eles são aprendidos e também se incorporam à pessoa, como comandos internos. Sofrem, em sua formação e em sua conversão a hábitos, a influência direta das necessidades básicas hierarquizadas por Maslow, mas podem caracterizar-se como desvios em relação àquela hierarquia, na medida em que conduzem a tentativas comportamentais que exageram na busca da satisfação de alguma delas, ou desvirtuam essa busca.

Alguns desses comandos sociais me foram apresentados nos seminários de Silvana de Aguiar, da "ANTAR – Processos de Transformação", sendo por ela denominados "Modelos Mentais" ou "Desenhos Humanos". Eles serão estudados em capítulo específico.

## Impulso e Atitude

A estrutura de personalidade paga tributo às remotas origens do ser humano e, por isto, certas pessoas têm, em determinados momentos, impulsos de grande agressividade.

É provável que, nessas ocasiões, elas estejam tomadas por comandos internos muito remotos, da época em que as regras sociais ainda não tinham incorporado conceitos relacionados com o valor da vida e da integridade física de nossos semelhantes.

O ótimo livro "Men at work", do psiquiatra Paulo Gaudêncio, contém o capítulo *"O ser humano e seus decretos secretos"*, que trata, com maior profundidade, desses impulsos que atuam como comandos do ser humano.

Nele, Paulo Gaudêncio analisa o ser humano como um animal que se distingue dos demais porque, enquanto os outros agem, exclusivamente sob o comando de suas pulsões – para comer, beber, agredir, fugir etc. – o ser humano age sob o comando de pulsões (impulsos), mas, ao mesmo tempo, se submete a algo racional, que o autor chama de "código de conduta moral".

Quando situações levam o ser humano a romper com este código e a ceder a seus impulsos, ele pode praticar atos violentos e até cometer crimes, dos quais se arrependerá mais tarde.

Seja qual for a intensidade ou a gravidade das ações impulsivas, elas sempre terão origem em comandos internos, tanto os ligados a características estruturais da personalidade, forjadas desde o início da vida da pessoa, quanto os ligados aos modelos mentais (desenhos humanos).

Esses comandos não são totalmente incontroláveis.

Na verdade, eles podem ser tanto mais controláveis quanto mais nós consigamos, em cada momento, ter consciência de que eles estão atuando.

Uma coisa certa a esse respeito é que, sob pressão, a pessoa tende a ser-lhes muito mais vulnerável.

Quando estamos no controle da situação, somos capazes de agir "por atitude", ou, como diz Paulo Gaudêncio, no capítulo acima citado, segundo o "código de conduta moral". Adotamos, então, um comportamento mais racional e expressamos mais o que **pensamos** (na verdade, o que **conseguimos pensar**, no momento em que lidamos com a situação).

Quando somos submetidos a uma pressão, ficamos mais entregues a nossos impulsos e, aí, somos mais emocionais e inclinamo-nos a expressar aquilo que **estamos sentindo**, aquilo que é mais nuclear em nossa personalidade.

Pessoas públicas são vítimas frequentes desses impulsos incontroláveis.

Por estarem mais expostas, aprendem a agir "por atitude", muito mais do que "por impulso", mas repórteres insistentes e os "paparazzi" costumam tirá-las do sério. Em tais momentos, elas acabam revelando facetas de suas personalidades que, possivelmente, prefeririam ocultar.

Na verdade, elas não são diferentes das outras pessoas. Todos nós somos assim, em maior ou menor grau, racionais quando conseguimos estar no controle da situação, emocionais e impulsivos, quando sob pressão.

Entender este fenômeno é um bom passo para conseguirmos ter atitudes mais compatíveis com nossas próprias expectativas de comportamento.

# 7

# Relação com a vida

*"A dor é inevitável,*
*mas o sofrimento é opcional.*
*Eu opto pela vida."*

(Cristiana Oliveira, atriz, em entrevista à revista Caras, em janeiro de 2006.)

## *Somos todos diferentes*

A vida está sempre a lhe propor desafios, problemas, aventuras, alegrias e a felicidade resulta de como você se relaciona com o que a vida lhe oferece, de bom e de ruim.

Duas pessoas da mesma família e que moram na mesma casa, percebem, de formas diferentes, essas propostas da vida e a elas também respondem diferentemente.

Se pobres e sujeitas a dificuldades, elas poderão encarar a realidade de maneiras muito distintas e, talvez, uma use a adversidade como motivo para lutar e alcançar dias melhores, enquanto a outra poderá entregar-se ao abatimento e justificar seus insucessos pela negação de oportunidades com que a vida lhe castigou.

Se ricas e abastecidas de condições que as levem a desconhecer dificuldades econômicas, é possível que uma se acomode sobre a fartura de que desfruta e não se desenvolva para a vida, podendo tornar-se, ao cabo de algum tempo, uma pessoa infeliz.

Enquanto isto, a outra poderá usar o conforto e a segurança econômica de que desfruta como plataforma para desenvolver-se cada vez mais, seja no campo profissional, seja no campo mais amplo do crescimento como ser humano.

A composição "Cantão", de Gabriel O Pensador e Liminha, conta um pouco da história de Gabriel, quando criança, e fala, numa forma crua e bela, da coragem de alguém lidar com dificuldades:

> *"... Aquele cara que não tinha as duas pernas*
> *E subia num skate se arrastando na favela*
> *A força de vontade daquele aleijado*
> *Simbolizava a humildade e a batalha do favelado*
> *E a coragem que aquela gente tinha e tem*
> *São um exemplo de vida que o moleque aprendeu bem."*

E assim é. Sob muitos ângulos da condição humana, somos todos iguais, mas quanto à maneira de encararmos a vida e com ela nos relacionarmos, podemos ser muito diferentes uns dos outros.

## *A condição humana*

> *"Se há uma coisa que detesto,*
> *mais do que não ser levado a sério,*
> *é ser levado a sério demais."*
>
> (Billy Wilder, cineasta)

Você se acostumou e acha normal o metrô, o automóvel, a TV, o micro-ondas e o computador. Eu, porém, ainda me espanto com o machado mais primitivo. Afinal, também somos "bichos" e isto sempre me remete à humildade de reconhecer-me frágil e imperfeito.

No livro "A arte da possibilidade", Rosamund Stone Zander e Ben Zander dedicam um capítulo à apresentação do conceito e de exemplos práticos da "Regra Número Seis", que se resume na recomendação: "*Não se leve tão a sério.*"

Não me arrisco a tentar explicá-la em detalhes. Prefiro recomendar que você leia o livro, onde ela é apresentada com clareza e profundidade.

Afirmo, apenas, que ela trata deste reconhecimento de nossa condição humana e do campo de possibilidades que se abre para as pessoas que a utilizam.

Ela convida a pessoa a desarmar-se de suas defesas, algumas construídas desde a infância, e a entregar-se à liberdade de não levar-se tão a sério.

Livre do peso de tais defesas, a pessoa sente-se mais leve para interagir, de maneira criativa, com pessoas e situações e para conseguir, naturalmente, melhores resultados.

Funciona, acredite.

Em "O sucesso é ser feliz", Roberto Shinyashiki destaca que o "gostar de si mesmo" funciona como fonte da generosidade com os outros, quando afirma que a pessoa que se compreende e é bondosa consigo mesma, é generosa com os que a cercam.

O pano de fundo da regra número seis é a capacidade de confiar e de gostar de si mesmo e dos outros.

Este tema, a capacidade de confiar e de ter uma postura generosa perante os outros, estará presente em outros capítulos deste livro e se origina, a meu ver, de outra capacidade mais fundamental: a de nos reconhecermos como seres humanos iguais, tanto em nossas fragilidades e imperfeições como também no potencial de transcendermos essas limitações, quando corretamente posicionados ante a vida.

## Queixa × Ação Transformadora

*"Não reclames nem te faças de vítima*
*Antes de tudo, analisa e observa*
*A mudança está em tuas mãos*
*Reprograma tua meta, busca o bem*
*E viverás melhor.*
*Embora ninguém possa voltar atrás*
*E fazer um novo começo*
*Qualquer um pode começar agora*
*E fazer um novo fim."*

(Chico Xavier)

De um jeito ou de outro, livros de autoajuda sempre tratam da questão "como se relacionar com as dificuldades da vida".

A melhor forma que conheço de expressar essas ideias me foi transmitida por Silvana de Aguiar, da ANTAR, em seminários por ela ministrados, dos quais participei, em meados da década de noventa.

Silvana apresentou aos participantes o contraponto entre a "Queixa" e a "Ação Transformadora" e, com isto, me colocou em contato com uma chave fundamental para que eu desenvolvesse um melhor relacionamento com a vida.

Dizia ela:

*– As pessoas não atuam a partir daquilo que está à sua frente, mas sim, a partir de como veem aquilo que está à sua frente.*

E mais:

*– Funcionamos como máquinas de interpretações automáticas e tendemos a adotar nossas interpretações como sendo a verdade. Confundimos o que ocorreu – o fato – com a nossa interpretação.*

A forma como nos relacionamos com os fatos é determinante para sermos ou não felizes e isto decorre de uma escolha entre prendermo-nos a interpretações negativas e, assim, entregarmo-nos às queixas, ou, ao contrário, desenvolvermos a partir dos fatos com que nos deparamos, ações transformadoras que nos tirem do campo da queixa e nos levem a construir uma nova realidade.

## Ideias Paralisantes

Continuemos com as ideias apresentadas por Silvana de Aguiar.

Segundo ela, a queixa nasce da interpretação negativa que dei a um fato. Poderia ter dado outras, mobilizadoras, energizantes, mas **escolhi** uma interpretação paralisante, não poderosa.

Um exemplo típico é aquele da pessoa que passa por uma situação desfavorável e conclui:

– Isto só acontece comigo.

Não é verdade. Acontece com todo mundo, só que há quem não se paralise e não se perca em lamúrias e há quem opte pela queixa e prefira sentir pena de si mesmo.

Silvana não está sozinha, nessa abordagem.

Em suas palestras, ela cita Schopenhauer: *"Cada homem toma os limites do seu próprio campo de visão como os limites do mundo."*

Na edição de 30 de março de 2005, a revista *Veja* publicou artigo de João Gabriel de Lima, cujo título era "Ideias que paralisam".

João Gabriel estranhava, em seu artigo, que os livros de autoajuda não dediquem maior atenção às ideias paralisantes e apresentava diversos exemplos que predominam na política e na cultura brasileira. Citava, também, casos de comportamento paralisante no trabalho.

Depois, mencionava o americano Aaron Beck, fundador da linha cognitiva, que criou o conceito de "**pensamento automático**", segundo o qual o cérebro humano cria certos esquemas de pensamento e se habitua a usá-los. Isto acaba por tornar-se um "vício" que faz com que o cérebro deixe de considerar os dados da realidade e crie as "**distorções cognitivas**".

Segundo João Gabriel de Lima, os adeptos da linha cognitiva afirmam que suas ideias vivem desde o século I da era cristã, quando o filósofo Epicteto escreveu: *"O que perturba os homens não são as coisas em si, mas as ideias que os homens têm a respeito delas."*

Pessoas felizes **movem-se**, quando os fatos da vida se apresentam, e trabalham para dar à realidade um molde que lhes seja agradável. Elas trabalham no campo das possibilidades.

Pessoas infelizes **paralisam-se** diante dos mesmos fatos e, entregues a uma realidade que não lhes agrada e a interpretações negativas, ficam presas na armadilha das queixas. Elas se bloqueiam, por se entregarem ao campo da impossibilidade, da impotência.

## Perguntas certas – Estágios da queixa

*"O queixoso aclimata-se à lamentação*
*e emaranha-se nos cordéis*
*da teia em que se prende."*

(Joanna de Angelis, por Divaldo Franco)

Quando me movimento em direção a algo que desejo – um compromisso comigo mesmo ou com um grupo de trabalho, por exemplo – e ocorre um problema, **um fato**, tenho dois caminhos a escolher:

- Um primeiro caminho ruim, negativo, o da queixa, em que, à procura de desculpas e justificativas, me pergunto:

    - O que há de errado comigo?
    - O que há de errado com os outros?
    - O que há de errado com a situação?
- Um segundo caminho, o da ação transformadora, no qual me pergunto:
    - Qual a ação cabível?
    - O que falta fazer?

Ao enveredar pelo primeiro caminho, o da queixa, percorro alguns estágios, num círculo vicioso que a reforça e realimenta:

- Primeiro, ante as respostas interpretativas que dou às perguntas iniciais – o que há de errado comigo, com os outros, com a situação? – redimensiono ou cancelo o desejo ou o compromisso;
- Segue-se a isto a invalidação – de mim, dos outros, das coisas. É o desenho humano da resignação;
- Depois, vem a raiva, que, apesar de ruim, é um estágio em que "ainda se está vivo";
- Sucedem-se a desesperança, o deboche e o cinismo, que são modos sofisticados de lidar com a frustração e já são facetas da dor e do ceticismo.

O deboche e o cinismo resultam, na verdade, da sensação de impotência. Não consigo mudar uma situação que me incomoda ou que me causa dor e tristeza e é difícil aceitar tal realidade. Recorro, então, ao deboche, como forma de escoar a tristeza e torná-la mais suportável, mas o deboche não é riso de prazer, é um riso sofrido.

Lembremo-nos, portanto, que o segredo para não se deixar prender na armadilha das queixas é tentar responder as perguntas certas:

- Qual a ação cabível?
- O que falta fazer?

## A armadilha das queixas – Bagdá Café

*"O que importa*
*não é o sofrimento que nos visita,*
*mas a nossa reação diante dele."*

(André Luiz)

Se você já plantou uma horta ou um jardim, sabe que as chamadas ervas daninhas se reproduzem com facilidade e concorrem com as plantas produtivas. O mesmo acontece com as queixas, capazes de impedir o nascimento ou de roubar o viço das ações transformadoras.

A prática habitual das interpretações negativas e da queixa puxa a pessoa para baixo e tende a reforçar visões negativas da vida. Apesar disso – ou, talvez, por causa disso – muita gente cai e vive presa na armadilha das queixas e, tomada por essas visões negativas, torna-se amarga e pessimista.

A pessoa que se entrega a tal armadilha cria o hábito de reclamar e, por tornar-se amarga, passa a ser má companhia para os outros e até para si mesma, porque joga para dentro de si coisas que lhe fazem mal.

Se pudéssemos filmá-la e ela pudesse ver, mais tarde, as cenas que protagoniza, ser-lhe-ia mais fácil corrigir-se.

Enquanto isso, há aqueles que conseguem criar o hábito oposto, o de se relacionar com a vida e seus problemas com uma atitude positiva. São pessoas otimistas, autoconfiantes e que, visivelmente, gostam de viver.

Quando nos vemos diante de pessoas com atitudes tão positivas, podemos ter a impressão de que elas nasceram assim, mas, ainda que, em algumas este tipo de comportamento seja espontâneo, ele pode ser aprendido e exercitado e, com a continuidade de sua prática, converter-se em ótimo hábito, para qualquer pessoa.

Falei em filmarmos uma pessoa queixosa e me lembrei da situação oposta, belamente retratada no filme Bagdá Café.

Uma mulher de meia idade é abandonada pelo marido e se vê numa decadente pousada de beira de estrada, cuja dona é um poço de queixas.

Sem alternativas, hospeda-se lá e, ao abrir sua mala, descobre que seu marido trocou as malas e que nem mesmo suas roupas ela tem.

Sem uma queixa, ela tenta ajeitar-se com algumas roupas da mala do marido e, a partir daí, passa a desenvolver, quase silenciosamente, ações transformadoras que, pouco a pouco, mudam a sua vida e a daquele lugar.

É um belo filme e uma boa referência para refletirmos sobre a queixa e seu contraponto, a ação.

Enquanto a queixa nos conduz por estágios que reforçam a visão negativa, o que nos leva a novas queixas e à entrada num círculo vicioso de interpretações paralisantes, a atitude positiva diante dos fatos e a prática da ação transformadora nos levam a círculos virtuosos de interpretações poderosas, energizantes, mobilizadoras.

## *Faxina – Zerando queixas*

Se você é do tipo que costuma apegar-se às suas queixas, é bom fazer uma faxina no armário onde costuma guardá-las.

Como fazer isto?

Bem, não é meu propósito escrever um livro de normas de bom comportamento, na base do "faça isto e seja feliz", até porque penso que cada um sabe o que mais lhe convém e que caminhos deseja trilhar na busca da felicidade.

Admito, porém, fazer algumas exceções e este é um dos casos em que me parece cabível agir assim, porque a queixa nos prende em armadilhas, das quais, muitas vezes é difícil sair.

A fórmula básica da faxina é mover-se para fora de cada queixa por meio das perguntas essenciais da ação transformadora:

– O que falta fazer?

– Qual a ação cabível?

Se desejar fazer uma dessas faxinas, reserve-se um tempo e faça uma lista com cinco colunas:

- Na primeira, liste suas queixas.
- Na segunda, tente anotar o tempo de existência de cada queixa (e preste bastante atenção nas antigas).

- Na terceira, reflita bastante e tente responder se a queixa é um fato real ou a sua interpretação para um fato. É possível que você descubra que algumas são fatos, outras interpretações e existirão aquelas em que há um pouco de cada.
- Na quarta, olhe bem para a queixa da primeira coluna, reflita sobre o que é fato e o que é interpretação negativa e responda às perguntas:
  - ❖ O que falta fazer?
  - ❖ Qual a ação cabível?
- Na quinta, indique um prazo para cada anotação feita na quarta coluna e mãos à obra.

De tempos em tempos, repita a operação.

Esta prática é simples em sua formulação, mas não necessariamente fácil. Afinal, nem sempre será fácil olhar para si mesmo e refletir, mais profundamente, sobre a sua vida.

Ocorre que a prática de perguntar-se “o que falta fazer” funciona, como uma chave poderosa para que você acesse o campo das possibilidades e se liberte das queixas, proporcionando-se, assim, a oportunidade de viver melhor.

É possível que, para algumas, não haja mais qualquer ação cabível e que, para outras, só lhe reste a ação de perdoar-se, por já ter passado a oportunidade de corrigir um erro cometido.

Ainda assim, é importante agir e virar essas páginas, que já deviam ter sido viradas há muito tempo, mas que insistem em continuar poluindo seu presente.

Aja para esvaziar seu armário de queixas e, na mesma intensidade, para não enchê-lo de novo.

Para isto, crie o hábito de responder aos problemas da vida com ações transformadoras e fique vigilante, para não ter recaídas que o levem de volta às queixas.

## *Eu era feliz e não sabia*

Muita gente que tem o hábito da queixa descobre, tempos depois, quando já não dá mais para se voltar à antiga realidade, que, como diz o verso do lindo samba de Ataulfo Alves, era feliz e não sabia.

A queixa faz muitas vítimas.

É incrível como pessoas talentosas caem na armadilha de se entregar às queixas, de as "preferir" e, assim, paralisar-se quando, com seu talento, seriam capazes de, por meio de ações transformadoras, contribuir para seu próprio bem-estar e para o de quem as cerca.

Presas na armadilha vão, gradualmente, realimentando suas queixas no perverso círculo vicioso que atinge seu ápice com a realização de profecias negativas autorrealizáveis.

Você já viveu esta experiência ou conhece alguém que a tenha vivido? Mergulhada na armadilha das queixas, sem se aperceber do caminho que está trilhando, a pessoa lança profecias pessimistas que acabam por materializar-se, exatamente porque seu comportamento a conduziu a isto.

É comum que pessoas queixosas acabem deixando os ambientes dos quais se queixam, seja por se convencerem de que precisam sair do lugar que as infelicita, seja porque acabam mesmo dando motivo para serem rejeitadas.

Mais tarde, descobrem que os problemas de que tanto reclamavam até existiam, mas não tinham a dimensão que elas lhes atribuíam e eram mais interpretação do que fatos.

Na verdade, eles só tinham dimensão exagerada dentro delas, em suas mentes.

É possível – e bastante comum – que essas pessoas passem a viver nova realidade e que, mais uma vez, fiquem insatisfeitas, mais até do que nas situações anteriores.

Concluirão, então, com a frase do Ataulfo: "Eu era feliz e não sabia".

## A oportunidade de viver e aprender

Se você está enredado numa teia de queixas, na sua vida particular, ou no seu ambiente de trabalho, fique ligado.

Sem querer desmerecer os problemas reais que o incomodam, é bom prestar atenção, porque é grande a chance de que boa parte deles esteja dentro de você.

Não estou aqui fazendo apologia de uma atitude de fingir que os problemas não existem, muito pelo contrário.

Problemas existem, sim, e é maduro reconhecê-los, tentar entendê-los e lidar com eles.

O que não é saudável é deixar-se envolver por eles, optar por lamúrias ao invés de enfrentá-los.

Não é muito difícil perceber se você caiu na armadilha das queixas, basta que observe seu comportamento.

Se, diante de problemas, você apenas reclama, ou se reúne com colegas para reclamar, está preso na teia.

Se, ao invés disso, você até reclama, mas consegue agir, para tentar mudar a realidade que o incomoda, está fora da armadilha.

Como já disse, queixas nos enfraquecem e realimentam um círculo vicioso de sentimentos de infelicidade e de impotência ante a vida. O oposto da queixa é a atitude de aceitar cada momento como oportunidade de viver, é sentir-se, ao mesmo tempo, agente e objeto de um processo de permanente transformação, no qual se está inserido e do qual se participa com alma e motivação.

Quaisquer que sejam suas escolhas para sair das queixas – pequenas ações transformadoras ou uma grande virada – e qualquer que seja o momento em que você tome tal decisão, assuma consigo mesmo o compromisso de respeitar o seu direito de errar, se acontecerem frustrações.

E, com serenidade, entenda que erros e acertos não são definitivos e fazem parte do exercício de viver, este privilégio do qual você, livre de ideias paralisantes, não deve abrir mão, em momento algum.

## *Que bão, que bão...*

*"Convença-se de que você somente solucionará seus problemas se não fugir deles."*

(André Luiz)

Sou fã incondicional do Chico Bento, meu personagem preferido nas histórias em quadrinhos de Maurício de Souza.

Em uma de suas melhores histórias, Chico Bento aparece triste e cabisbaixo, sentado numa pedra, quando é abordado por seu amigo Hiro, que lhe recomenda que sorria, porque, se assim o fizer, tudo ficará bem.

Com aquela simplicidade que o caracteriza, Chico logo abre um sorriso, enquanto o amigo complementa o conselho, dizendo-lhe que deve sempre dizer "que bom, que bom".

Segue a história, Chico Bento vai caindo em várias situações ruins e a todas enfrenta com um sorriso e com a frase, no seu linguajar matuto:

– Que *bão*, que *bão*.

Até que, lá pelo fim da história, depois de ter sofrido um bocado, ele perde a paciência e, ao reencontrar o amigo, pega um pedaço de pau e passa a persegui-lo, enquanto, com um sorriso perverso, vai dizendo:

– Que *bão*, que *bão*.

A história do Chico Bento ilustra bem a questão. Não é razoável tentar sustentar falsos sentimentos quando as coisas vão mal.

Não concordo em dizer, "da boca pra fora", que tudo vai dar certo, quando tudo está indo muito mal. Afinal, o discurso otimista, quando desacompanhado de ações transformadoras, é tão paralisante quanto a síndrome das queixas.

Em "Men at work", Paulo Gaudêncio cita Deming, um dos formuladores dos conceitos de qualidade total, que recomendava: *"Elimine os* slogans*, as exortações..."*

Acho artificiais essas exortações, quando funcionam como negação da realidade e não correspondem ao que está se passando no interior de uma pessoa ou de um grupo.

Cada um tem seu ritmo e seu jeito de lidar com medos e dificuldades. Minha fórmula não é negá-los, é reconhecê-los e usá-los como plataforma para a ação transformadora.

O conceito vale para muitas coisas tratadas no livro de Paulo Gaudêncio, todas relacionadas com a ideia de que mudanças são fruto de atitudes conscientes e não da obediência a lemas não internalizados pela pessoa ou por um grupo.

Acho que vale, também, para a questão do pensamento positivo gratuito, cuja única vantagem em relação ao pessimismo é que o otimista não sofre por antecipação, enquanto o pessimista começa a sofrer antes mesmo da realização dos fatos que prevê.

Em qualquer das hipóteses, porém, seja no pensamento negativo, seja no "positivo gratuito", o insucesso e a frustração acabarão chegando, porque, em ambos, existe a falta da ação consciente que pode de fato transformar a realidade.

## O "proveito" que a queixa nos traz

A queixa é, em certo sentido, uma opção pela impotência.

Quem não tem motivos para queixas?

Todo mundo tem.

A questão não pode ser, portanto, se as queixas são justas ou não, mas de que adianta ficar na queixa.

É hora, então, de perguntar: Que proveito você tem conseguido tirar das suas queixas? O que tem feito para livrar-se delas?

Para responder a estas questões, convém que você aprenda um pouco mais sobre o assunto.

Há coisas que incomodam e eu resolvo: são a maioria.

Há outras, porém, que eu não consigo resolver: viram queixas.

Quase sempre, as queixas se instalam quando presos a interpretações negativas diante de obstáculos ou de insucessos, optamos pela inação. Quando a pessoa se move e entra em ação, elas (as queixas) tendem a deixar de existir.

A queixa vive, portanto, da nossa opção por não agir.

E, nesta opção, não somos de todo inocentes, na medida em que, como contraponto ao desprazer de carregarmos uma queixa, ficamos numa "zona de conforto" em que reclamamos, jogamos a culpa nos outros, nas situações e coisas, ou na falta de sorte e, alimentando em nós a autocomplacência, nos desobrigamos de arregaçar as mangas e agir.

Se você não é um queixoso crônico – espero que não seja –, deve pelo menos, conhecer alguém assim. Há pessoas que são verdadeiras metralhadoras giratórias, reclamam de tudo, criticam todo mundo e têm um repertório de casos em que os outros sempre estão errados. É pura queixa, revestida pela capa do "eu estou certo e os outros estão errados".

Essa "conveniência" de se cultivar uma queixa está presente, principalmente, nas queixas antigas, carregadas de passividade e adiamento.

A respeito delas, Silvana de Aguiar dizia:

– *Não se fica com essas coisas, por tanto tempo, de graça.*

Você vai precisar lembrar-se disto, quando começar a faxina no seu armário de queixas.

Queixas também podem significar ausência de perdão a você mesmo, por ter feito opções, no passado, que resultaram em dor e tristeza.

Assim como existem questões insolúveis, que a gente precisa aceitar e com as quais tem que aprender a lidar, existem coisas que, embora já tenham passado e não possam mais ser solucionadas, deixaram marcas.

Acontece que a gente guarda essas queixas e fica vivendo com elas, que ocupam, na nossa mente e na nossa vida, um espaço muito grande, roubando o lugar que deveria ser preenchido por prazer, criatividade, generosidade e outras boas práticas e vivências.

## Os resíduos das queixas

Talvez a proposta de faxina possa levar o leitor a imaginar que, concluída a limpeza do baú, a queixa desaparecerá de uma vez e não mais voltará.

A julgar pela minha experiência pessoal, a coisa não se passa desta maneira.

A gente se livra da queixa, ou de seus efeitos mais perversos, quando se coloca em ação e tanto mais livre fica quanto mais age, mas há casos em que o impacto causado pela experiência ruim não cessa completamente e deixa um resíduo.

Quando, aos cinquenta anos, fui demitido de uma empresa à qual me dedicava apaixonadamente, não fiquei na queixa. Replanejei minha vida, fui à luta e tenho, hoje, consciência de que foi bom ter saído. Meu ciclo na empresa acabara e, talvez, eu ainda custasse a perceber a realidade e sofresse muito, se continuasse lá.

A demissão abriu, para mim, um quadro de novas oportunidades, no caminho da minha felicidade.

Mesmo assim, a lembrança daquele momento me causou por muito tempo desconforto e uma remota sensação de frustração, mesmo sabendo que, racionalmente, foi melhor ter saído.

Minha vitória foi, sem fugir do sofrimento, do "luto" causado por aquela situação de importante perda emocional, ter saído dele, para reconstruir minha vida profissional, como consegui fazer.

Há pouco tempo, voltei a um canteiro de obras daquela empresa, que alguns colegas e eu fomos visitar.

Ao deixarmos o local, caminhávamos pela rua e um de meus colegas, vendo-me de cabeça baixa, imerso em pensamentos, mexeu comigo, tentando adivinhar o que ia pela minha mente:

– Saudade, Carlos Cesar?

– Não, disse-lhe eu. Estava pensando justamente nisto. Vivi nessa empresa uma história muito bonita, da qual muito me orgulho, mas não sinto, hoje, vontade de rodar o relógio do tempo e voltar atrás. É muito bom voltar aqui, reencontrar os amigos e ver que nossa amizade, construída na dura luta das obras, continua viva, mas não sinto vontade de reviver uma página que já foi virada. Sinto-me feliz no lugar onde trabalho hoje e não gostaria de voltar no tempo.

Acredito que só pude viver, de maneira prazerosa, o reencontro com o ambiente de onde saí de maneira um tanto traumática, porque não fiquei na queixa e reconstruí minha vida.

Se tivesse optado pela queixa, teria me transformado em um viúvo da minha própria história e não teria conseguido reformular as bases para a minha felicidade.

A armadilha da viuvez de nossa própria história acontece com muita frequência, quando passamos por situações traumáticas que causam perdas, como, por exemplo, nos casos de namoro ou casamento desfeito e de perda de emprego ou de um cargo.

A resposta a essas situações deve ser procurada fazendo-se as perguntas certas:

– O que falta fazer?

– Qual a ação cabível?

## *O novo hábito*

A prática aqui recomendada é muito simples, mas adquirir este novo hábito pode não ser fácil. No começo, você vai precisar de atenção e disciplina. Com o tempo e os ganhos advindos da boa prática, você se acostumará a fazer isto automaticamente.

A proposta não é de negar-se a tristeza, não chorar, não reclamar, nunca criticar e virar santo.

Também não é deixar de identificar possíveis coisas erradas com você ou com outras pessoas; a pergunta que alimenta as queixas – **o que há de errado?** –

pode ser respondida, desde que você não se paralise pela resposta.

Afinal, a opção pela ação transformadora não deve ser confundida com bloqueio de sentimentos ou de percepções.

Se estiver triste, chore. Se não gostar, reclame, critique. Se há algo errado com você ou com alguém à sua volta, perceba. Isto são formas de se escoar a tensão de momentos difíceis e, principalmente, de entender sua realidade.

A chave é não parar por aí. É, depois de chorar, reclamar ou perceber, perguntar-se **"o que falta fazer"** e agir. E é, consequentemente, não entregar-se à tristeza e à queixa.

Em outras palavras, a opção pela ação transformadora se traduz como uma proposta de, após sofrer com o fato ruim que a vida lhe trouxe, você procurar agir e não escolher perpetuar-se no papel de vítima dos infortúnios da vida ou de campeão mundial do sofrimento.

Às vezes, a ação possível no momento é modesta e insuficiente, e a grande solução demandará espera. Faça o que já é possível e espere o momento certo para fazer aquilo que, por enquanto, ainda não é viável.

Por sinal, não despreze as pequenas mudanças.

É comum que a gente sonhe com grandes e difíceis transformações e não tente as pequenas. Acontece que fazer algo transformador ou que você vinha adiando, mesmo quando isto se caracteriza como uma pequena mudança, melhora um pouco a vida, renova o entusiasmo e isto pode proporcionar a você melhores condições para, mais à frente, tentar as grandes mudanças.

## *Arrependimento*

Arrependimento pode ser útil enquanto serve para que você se desculpe com alguém a quem feriu, ou como referência para se corrigir algum rumo mal escolhido. Passou daí, é queixa em seu estado crônico.

Meu amigo Carlos José Santos costuma dizer, em tom de brincadeira:

– Como seria formidável se a vida tivesse aquela tecla "voltar" do Windows, não é?

Pois é, a vida não tem a tecla "voltar". O que você fez ou deixou de fazer já foi, não tem retorno.

– Eu devia ter feito um curso de...

Não fez? O que está esperando para começá-lo? Não dá mais? Então, passe a régua, feche a conta e parta para outra coisa.

Lamentar-se por não ter feito algo, ou por ter feito o que não devia, é paralisante, é inação, e a saída da queixa é a ação.

Quando falo neste tom enfático, o leitor pode imaginar ser necessário empreender ações transformadoras de grande impacto, extraordinárias, revolucionárias; mas, como disse antes, não precisa ser assim. Pequenos movimentos também ajudam e, às vezes, abrem caminho para as grandes transformações.

Quando, no segundo semestre de 1997, depois de alguns meses sem conseguir novas oportunidades de trabalho, concluí que precisava fazer algo "para não ficar parado" e me matriculei num curso preparatório para concursos públicos, não tinha ideia de onde chegaria com aquela pequena ação; mas o simples movimento de me matricular e de ir às aulas me fez bem ao ânimo, porque passei a viver num ambiente de pessoas em ação.

Algum tempo depois, consegui ser aprovado em um concurso que me proporcionou uma nova equação para minha vida profissional e uma boa fórmula para me livrar do fantasma dos arrependimentos e da viuvez do meu passado.

Se eu tivesse ficado parado em casa, minha vida teria seguido um rumo bem diverso e, possivelmente, eu viesse a passar por dificuldades econômicas e emocionais que, com minha pequena ação transformadora daquele momento, consegui evitar que sequer surgissem.

## Crise, Oportunidade, Queixa e Ação

Não posso escapar de repetir a conhecidíssima citação dos ideogramas chineses a respeito de crise, risco e oportunidade.

Segundo se diz, a representação de **crise**, em chinês, é feita pela combinação de dois outros ideogramas, que significam **risco** e **oportunidade**.

Muito sábio, não?

Acho fantástico tal poder de síntese.

A crise da minha demissão aos cinquenta anos foi, para mim, exatamente isto: risco e oportunidade. Como entendi o risco, mas agi e busquei novas oportunidades, reconstruí minha vida profissional, uma importante base para a minha felicidade.

Quem olha para a crise com a opção pela queixa, fica na crise e só sai dela – se consegue sair – quando ela acaba, por esgotamento.

Quem olha com a opção pela ação transformadora, enxerga as oportunidades que toda crise carrega e sai dela fortalecido, mais apto para novos desafios.

A revista *Exame*, de outubro de 1998, publicou o caso de uma funcionária recém-contratada pelos Correios e lotada na então deficitária agência de Pinheirinho do Vale, no sul do país.

Se tivesse propensão a concentrar-se nos problemas, ela teria, ali, um ótimo cardápio de queixas, a começar pelo fato de ser a única funcionária da agência, sem ninguém para ajudá-la a mudar aquele quadro.

Em vez disso, ela foi à luta e, com ações transformadoras, criou oportunidades onde elas pareciam não existir e mudou a realidade da agência e a imagem dos Correios no local.

Há muitos exemplos como este. Em todos, está presente a capacidade de uma pessoa ou de um grupo de enxergar oportunidade onde outros só enxergariam crise e de transformar realidades onde outros só encontrariam motivos para queixas.

## Criando musculatura

> *"Aceite suas desilusões com realismo,*
> *extraindo delas o valor da experiência."*
>
> (André Luiz)

A prática das ações transformadoras não é garantia de sucesso.

Sempre podem advir, como em qualquer situação na vida, fatos supervenientes que impedem que tenhamos o sucesso que, com as práticas transformadoras, buscávamos alcançar.

Apesar disso, mesmo quando não se chega ao sucesso esperado, nem tudo se perde.

Camões já dizia, em Os Lusíadas, que só se aprende pelejando:

> *"Não se aprende, Senhor, na fantasia*
> *Sonhando, imaginando ou estudando,*
> *Senão vendo, tratando e pelejando."*

De fato, quem peleja ganha, pelo menos um aprendizado que lhe capacitará para novas empreitadas.

Nos seminários que ministrava, Silvana de Aguiar usava uma expressão muito representativa, quando falava em "criar-se musculatura", referindo-se ao preparo da pessoa para lidar com os desafios da vida.

A figura é muito adequada, quando relaciona o preparo do corpo com o da mente.

Dizia Silvana que, se você não exercita seu corpo, ele fica flácido, inapto para responder a uma demanda repentina.

Em tal condição, se ocorre, por exemplo, uma emergência e você precisa correr, faltam-lhe forças, preparo, condicionamento.

Se, ao contrário, você tem o hábito de se exercitar, responderá bem às situações em que seu corpo for solicitado.

Assim acontece, também, com a mente.

Se você, privilegiando a inação, não a exercita e não se expõe, a mente ficará "flácida", inapta para responder aos desafios que surgirem.

Se, ao contrário, você tem o hábito de agir diante dos problemas, estará mais apto a enfrentá-los.

Isto funciona, não apenas no campo físico-químico das conexões mentais, mas também no psicológico.

Tanto quanto o atleta se sabe capaz de enfrentar as demandas físicas e confia em seu corpo, o praticante de ações transformadoras se sente apto a enfrentar desafios e, quando eles surgem, tende a sofrer menos com medos e inseguranças.

De certa forma, ele passa a encarar com naturalidade os obstáculos. Ao vê-los, sabe que terá de superá-los, mas confia em sua capacidade de fazê-lo, porque se sente mental e emocionalmente preparado para isto.

Em entrevista a Roberto D'Avila, Bernardinho, o vitorioso técnico da seleção masculina de vôlei, falou disto, ao ser perguntado sobre a dificuldade de lidar com seu grupo, ao viver sempre no limite, enfrentando seguidos desafios e sempre tendo que recomeçar.

Bernardinho expressou seu entendimento de que, a cada desafio vencido os integrantes da equipe crescem e se fortalecem, o que faz com que se tornem aptos a enfrentar os que virão.

É, com outras palavras, a explicação que Silvana sintetizou na expressão "criar musculatura".

# 8

# Desejo de mudança

*"Daqui pra frente,*
*Tudo vai ser diferente..."*

(Rock de Roberto e Erasmo Carlos)

## A aspiração por mudanças

Se você prestar atenção ou começar a perguntar por aí, vai perceber que a aspiração por mudanças é algo que se encontra em toda parte.

Isto parece ser reflexo de insatisfações que as pessoas vivem, às vezes de forma difusa, quando não sabem muito bem o que as torna insatisfeitas, às vezes de forma mais nítida, quando sabem definir o que as incomoda.

Da insatisfação latente nasce a aspiração por mudanças, talvez menos nítida ainda, na mente das pessoas.

Deseja-se mudar, mas não se tem muito claro aonde se quer chegar.

Na verdade, é comum que o desejo das pessoas seja mais de sair das situações incômodas presentes em suas vidas do que de ir para algum novo lugar conscientemente escolhido.

É comum que a aspiração por mudanças seja uma forma de expressão de queixas, com seu gás paralisante. Discursa-se sobre a necessidade de mudanças, mas pouco ou nada se faz para mudar.

Nesse contexto, o desejo de mudanças, muitas vezes externado de forma pouco precisa, tende a ser uma espécie de panacéia esperançosa a que se recorre com frequência.

Ao fazer isto, quase sempre a pessoa joga para um futuro difuso a expectativa de vida melhor, artifício psicológico que torna suportáveis as agruras do presente, já que tudo é uma questão de tempo: o futuro há de ser melhor.

## "Livre de..." ou "Livre para..."

Dizia José Luiz Sant'Anna, um especialista da área de desenvolvimento de executivos e gestão de carreiras, com quem convivi na década de 80:

– As pessoas querem ver-se "livres de...", mas não "livres para...":

- Livres de – ficarem livres de coisas que as incomodam (queixas).
- Livres para – terem autonomia para realizar, para empreender (ação transformadora).

Por que, se há tanto desejo de mudança, é tão raro encontrar exemplos de mudanças efetivas, mudanças de impacto, seja no trabalho desenvolvido pela equipe de que você faz parte, seja na sua vida pessoal?

Por que, em ambientes de trabalho como o seu ou o meu, as mudanças são desejadas, mas quase nunca acontecem e por que, na vida pessoal, as mudanças sonhadas também ocorrem muito mais raramente do que desejamos?

Arrisco-me a afirmar que isto acontece principalmente porque, com muita frequência, as pessoas colocam a mudança fora delas: no ambiente, no chefe, nos colegas, nos métodos de trabalho, na direção da instituição, ou, no caso da vida pessoal, no cônjuge, no filho, no pai ou na mãe, no amigo ou na amiga, na sorte, enfim, em seres ou coisas externos a elas.

É o "livrar-se de", a queixa que se encerra em si mesma.

Ser "livre para" significa assumir-se como autor de sua própria realidade, como agente e objeto das mudanças desejadas e, tanto quanto possível, como motor dessas mudanças.

Para que aconteçam, as transformações organizacionais ou pessoais devem ter origem e ser sustentadas por mudanças de atitudes e de "modus operandi", que começam dentro de nós.

Quando adequadamente construídas, elas permitem que se alcancem novos patamares de desempenho e de satisfação pessoal, qualquer que seja o campo em que são produzidas.

## *Para mudar, é preciso "ralar"*

A aspiração por mudanças está presente na vida de muita gente, mas quem consegue fazer algo realmente transformador não é a maioria.

Isto tem muitas causas; e a primeira delas, como expliquei anteriormente, é o fato de as pessoas esperarem que as mudanças aconteçam fora delas e que sejam produzidas por fatos ou pessoas externos a elas.

A diretoria precisa mudar os rumos da empresa, o cônjuge precisa mudar de comportamento, você precisa ganhar na loteria, o governo tem que mudar a realidade do país.

É possível que muitas destas coisas sejam mesmo necessárias ou recomendáveis, mas sua vida pode melhorar muito se você tratar de produzir as mudanças que estão ao seu alcance.

Há, porém, outras causas ou condições que dificultam a concretização de mudanças, e eu destaco a necessidade de que elas sejam concebidas e implementadas enquanto a vida segue, sem nos dar a chance de uma paralisação.

Grandes paradas na vida, para reorientação de rumo, são um privilégio raro ao qual poucos têm acesso. Na maioria dos casos, há que consertar-se o motor do avião em pleno voo.

Isto exige que a pessoa ou o grupo que deseja uma mudança empregue, para criar e implementar modificações no "status quo", energia e tempo adicionais, acima dos que usa para suas tarefas diárias.

Qualquer pessoa ou equipe submetida a um regime de vida que demanda mudanças gostaria de ouvir que as coisas mudarão sem que precisem fazer um esforço extra, porque alguém ou algo fará o necessário para que, a curto prazo, a vida delas melhore substancialmente.

É possível que em casos excepcionais, algo assim aconteça, mas infelizmente, não dá para contarmos com isto.

Se você precisa mudar sua realidade, trate de arranjar energia e tempo extras para dedicar-se ao estudo e às ações que vão levá-lo a um novo estágio, porque, para mudar, quase sempre é preciso "ralar" mais do que a rotina nos obriga, mais do que a gente acha que já é muito.

9

# A hierarquia de necessidades de Maslow

## Necessidades básicas

Abraham Maslow propôs uma fórmula de análise dos movimentos do ser humano em direção à felicidade, a que chamou de hierarquia de necessidades.

A proposta de Maslow consagrou-se como uma das boas referências que se tem sobre o comportamento do ser humano e sua busca de bem-estar.

Ele definiu cinco níveis de necessidades a que cada ser humano busca satisfazer e as dispôs em uma pirâmide. As necessidades mais primárias formam a base da pirâmide e são seguidas pelas outras, até chegar-se ao topo, na ordem em que são aqui apresentadas. São elas:

- As fisiológicas – sono, alimento, oxigênio, água, conforto físico, saúde etc.
- As de segurança – segurança física, segurança no emprego, políticas administrativas e normas empresariais (agregam segurança à relação da pessoa com seu empregador) etc.

- As sociais – fazer parte de um grupo, sentir-se parte dele, manter relações interpessoais.
- As do ego (estima) – sentir-se valorizado, amado, ser alvo de reconhecimento, adquirir *status*.
- As de autorrealização – realizar seus potenciais, desenvolver-se nos campos pessoal e profissional, progredir, sentir-se feliz consigo mesmo, com o que conquistou e com o que realiza.

## Como se apresentam?

Estas necessidades se manifestam na vida particular de cada indivíduo e, como não poderia deixar de ser, também em sua vida profissional.

Mais ainda, elas podem explicar muitos dos movimentos que fazemos, às vezes de forma inconsciente, em direção a determinadas situações propostas pela vida, porque se constituem, afinal, em uma das formas mais ricas de compreendermos nossos comandos internos.

Em certa medida, considera-se que a hierarquia prevalece na ordem aqui apresentada, de tal forma que o não atendimento a necessidades do nível mais básico – o fisiológico – inibe a manifestação de necessidades dos demais níveis. Mas isto não pode ser tomado como verdade rígida, pois há sobreposições, principalmente entre os dois níveis primários.

É fácil, mesmo, compreender-se que alguém com fome ou insone tenderá a privilegiar a satisfação deste nível de necessidades, antes de interessar-se por outras, mas alguém sob ameaça física também poderá deixar a fome ou o sono em segundo plano.

Certo é que, em condições normais de vida, estando razoavelmente satisfeitas as necessidades primárias – fisiológicas e de segurança –, a pessoa tenderá a mover-se no sentido de satisfazer necessidades mais relacionadas ao plano social (terceiro nível hierárquico) e ao plano psicológico (quarto e quinto níveis).

Outra forma de se ver a relação entre os níveis de necessidades propõe que elas se manifestam em ondas que se sobrepõem e podem, em certos momentos, misturar-se de forma tal que várias atuem ao mesmo tempo, com diferentes intensidades.

## O trabalho e a hierarquia de Maslow

Para o propósito deste livro, é desejável que você reflita e tire suas próprias conclusões, situando-se diante do quadro de necessidades proposto por Maslow e percebendo que elas estão presentes em sua vida, têm influência em sua satisfação pessoal e, em última análise, na sua felicidade.

Compreenda, pois, a presença, em sua vida, deste pano de fundo, onde vetores de vontades inconscientes – comandos internos – influenciam seus atos e movimentos e tenha este quadro de necessidades como um dos instrumentos de referência que você pode usar para perceber seus sentimentos e conhecer-se melhor, bem como para perceber e conhecer melhor as pessoas com quem se relaciona.

E, por fim, observe que o trabalho está intrinsecamente ligado à possibilidade de satisfação de necessidades em todos os níveis da pirâmide de Maslow, desde o fisiológico – por proporcionar à pessoa condições para a sobrevivência, a partir do ganho de uma remuneração que se converte em alimento, moradia etc. – até o de autorrealização – por oferecer-lhe oportunidades de desenvolvimento e de reforço da autoestima.

## Disfunções x Hierarquia de Necessidades

Que peso deve ter cada um dos níveis da hierarquia de Maslow, para que alguém seja feliz?

Como já disse antes, não creio que exista apenas uma resposta para esta pergunta. Cada pessoa compõe a sua receita, misturando os ingredientes, na dose que lhe parece adequada.

É claro, porém, que certos desequilíbrios podem complicar a vida.

Captada a ideia proposta por Maslow, segundo a qual somos comandados por necessidades que procuramos satisfazer, não é difícil perceber que, quando algo faz com que a busca de satisfação de um dos fatores se desregule, a pessoa pode vir a sofrer ou a afastar-se da felicidade.

Isto é óbvio, no caso da busca de alimentos – quem se alimenta em excesso tem problemas – e na obsessão por saúde, que acaba tornando-se uma doença, mas não é tão evidente em outras situações.

Há pessoas, por exemplo, que desenvolvem uma exagerada preocupação com segurança, que bloqueia atos comuns, como andar na rua, passear, sair à noite ou tomar decisões que contenham algum risco, ainda que pequeno. Dominadas por uma insegurança que ultrapassa níveis razoáveis, procuram cercar-se de tantas garantias que acabam inviabilizando que as coisas desejadas se concretizem.

É comum que isto aconteça no trabalho, principalmente em ambientes que cerceiam a criatividade e nos quais prevalecem mentalidades punitivas. Neles, quem supervaloriza a segurança tenderá a paralisar-se ou a escolher os caminhos mais conservadores, mesmo que isto conduza a resultados muito aquém dos desejados.

No consagrado livro "O sucesso é ser feliz", Roberto Shinyashiki analisa pessoas com esse tipo de desvio, associando-as à história de Dâmocles, um súdito da corte do Rei Dionísio a quem o soberano concedeu o direito de ser rei por um dia.

Como desejava que seu súdito conhecesse por inteiro as faces do poder, Dionísio concedeu-lhe toda a pompa do cargo, inclusive um banquete, mas mandou pendurar sobre o trono, como símbolo das angústias do poder, uma espada presa por um fio de crina de cavalo.

Dâmocles gostou muito da oportunidade de ser rei, mas, em pleno banquete, deu-se conta da existência da espada sobre sua cabeça e passou o resto do dia dominado pelo medo.

Pessoas com desvio no fator segurança passam a vida com medo de que algo ruim lhes aconteça e acabam deixando de desfrutar o que a vida lhes oferece.

Outro exemplo é o de alguém que busca, obsessivamente adquirir *status* e aprovação alheia, necessidades da pirâmide de Maslow. Não conseguindo aceitar-se de forma autêntica e sendo suscetível a este tipo de desequilíbrio, acabará descobrindo-se distante da felicidade real, ainda que suba muitos degraus na escala social.

Como já disse anteriormente, comandos internos podem ser bons ou ruins, a depender da dose e de para onde eles nos conduzem; e isto se aplica aos fatores de Maslow. Em doses adequadas, nos ajudam a construir bases para nossa felicidade. Em doses impróprias, podem levar-nos a desperdiçar as belas oportunidades que a vida oferece.

# 10

# Sistemas de pesquisa de perfis pessoais

## A utilidade dos sistemas

Na reportagem “Todo chefe tem que ser um bruto?”, de maio de 2007, a revista *Época* incluiu um quadro sobre o tema “Pesquisa de Perfis Pessoais” e registrou o quanto as empresas e instituições de outros setores – governamentais e não governamentais – investem na pesquisa das características de personalidade de seus colaboradores.

A reportagem cita, então, alguns sistemas muito utilizados: MBTI (Myers Briggs Type Indicator), Thomas, Caliper, Quantum e Grafologia.

Todos buscam, por meio de entrevistas ou do preenchimento de questionários, traçar o perfil de uma pessoa, captando traços de sua personalidade e, a partir daí, inferindo comportamentos prováveis.

Um desses sistemas é o “PI”, sigla de “Predictive Index”. Foi desenvolvido por Arnold Daniels e é utilizado, com grande sucesso em todo o mundo, há mais de cinquenta anos, sendo representado no Brasil pela empresa Arquitetura Humana.

Outra forma interessante de analisar pessoas e seus comportamentos, a partir de suas características estruturais, é a que foi proposta por Ichak Adizes, autor dos livros "Como resolver as crises de antigerência" e "O poder da confiança e do respeito mútuos".

Adizes identificou quatro papéis necessários ao desempenho eficaz e eficiente de uma organização – Produzir (P), Administrar (A), Empreender (E) e Integrar (I) – e, a partir desse conceito, percebeu que cada pessoa se enquadra de maneira mais característica em alguns desses papéis, definindo, assim, um estilo de comportamento que tende a ser estrutural e a se repetir.

O interessante estudo de Adizes aponta como erro pretender-se que alguém cumpra todos esses papéis, por que haverá de lhe faltar uma ou mais das características acima mencionadas.

Não cabe aqui um aprofundamento sobre os estudos do conceituado autor, mas registrar que esta forma de analisar pessoas me tem sido bastante útil para compreender meus interlocutores no trabalho e até na vida familiar e social.

## O "PI" a serviço do conhecimento próprio e dos outros

Meu amigo Eurípedes Rodrigues dos Reis dedicou dois capítulos de seu belo livro "Pais e Filhos – Uma Relação Delicada", à apresentação do sistema "PI", que utilizamos, com resultados muito bons, quando trabalhamos juntos na década de noventa.

O "PI" foi desenvolvido a partir de amplas pesquisas sobre perfis estruturais de pessoas e sua correspondência em termos de comportamento.

Seus conceitos podem servir a um pai que tenta conhecer melhor o seu filho ou a uma empresa que busca conhecer melhor seus empregados, tanto para seu recrutamento quanto para o planejamento de suas carreiras, mas meu foco, neste livro, é usá-los sob o ponto de vista do próprio indivíduo, colocando o sistema a serviço de seu autoconhecimento.

Em meu contato profissional com o "PI", pude verificar quão poderoso ele é como instrumento para conhecer pessoas – uma espécie de raio X da personalidade – e para ajudá-las a se situarem perante os desafios profissionais a que estão expostas.

Tive, na ocasião, a oportunidade de receber treinamento sobre o sistema, o que me permitiu avançar no conhecimento de seus conceitos e técnicas.

Desde então, passei a viver a experiência de ser alguém que detém razoável conhecimento sobre os conceitos adotados pelo "PI" e, como também tive traçado o meu perfil, tenho sido meu principal laboratório, na medida que, observando-me, pude descobrir como nossos comportamentos tendem a ser compatíveis com os perfis traçados pelo sistema e como nossas características estruturais de personalidade tendem a ser poderosas, atuando como comandos internos, principalmente quando estamos sob pressão, coisa que, no trabalho e também na vida extra-empresa, está sempre ocorrendo.

No final deste livro, há um apêndice, com um capítulo extra, no qual apresento com mais detalhes, o sistema "PI".

A ideia de tal apresentação é ampliar as possibilidades do leitor no campo do autoconhecimento e, a partir daí, também no conhecimento do outro e na prática da empatia.

# 11

# Comandos sociais – Desenhos humanos

## A gênese dos Desenhos Humanos

Já vimos, nos capítulos anteriores, que a pessoa está sujeita a comandos estruturais que, sob o efeito da educação e da força de influência dos ambientes em que ela vive e se desenvolve, podem sofrer disfunções ou enveredar pelo exagero.

Os Desenhos Humanos, dos quais fiz breve apresentação no capítulo seis, são modelos comportamentais que se originam e desenvolvem como respostas impróprias da pessoa ao conjunto de forças que atua sobre ela, conjunto este composto por suas características e comandos estruturais e pelas forças externas que a influenciam.

Silvana de Aguiar apresentou-me a alguns dos modelos mentais mais comuns. São eles:

- Eu já sei
- O outro é responsável (não é comigo)
- Eu estou certo
- Explico e justifico

Não sei quantos outros modelos mentais existem, nem posso pretender esgotar a lista deles. É provável que a leitura das características e efeitos dos aqui listados o leve a identificar outros modelos semelhantes, seja no seu próprio comportamento, seja no das pessoas com quem convive.

O que importa é reconhecer que, tanto quanto outros comandos, estes também moldam o comportamento das pessoas e, neste caso, conduzindo-os num caminho contrário ao do viver bem e ser feliz.

Eu os associo, principalmente, à hierarquia de necessidades de Maslow, na medida em que parecem ser tentativas de respostas, mal escolhidas, é verdade, às necessidades sociais e psicológicas situadas na parte mais alta da pirâmide.

Parece-me, também, que eles não são estanques e que, de certa forma, tendem a andar juntos quando a pessoa desenvolve desvios acentuados em relação à busca sadia da satisfação de necessidades hierarquizadas por Maslow.

Outro importante aspecto presente em alguns desses modelos mentais é o comportamento comparativo: tento sentir-me bem por meio de comparação com outras pessoas, em vez de concentrar-me em apenas ser bom naquilo que faço. Trata-se de um tipo de desvio na busca de afirmação pessoal que não produz um efetivo crescimento do indivíduo.

## Eu já sei

Já encontrou gente assim?

Você faz um gesto no sentido de lhe informar algo e ela apressa-se em dizer que já sabe, numa atitude defensiva, como se não saber pudesse ser algo que viesse a desmerecê-la.

Nos seminários que o prestigiado consultor de empresas João Lang ministrava, e dos quais tive a oportunidade de participar, costumava cobrar dos executivos que "praticassem inocência", procedimento que se traduz pela simples prática de perguntarmos o que não sabemos.

É óbvio?

Pois muita gente cai nesta armadilha, só porque não quer revelar a "fraqueza" de não saber.

Sob outra ótica, este modelo é, também, um cerceamento à criatividade e a novos aprendizados, na medida em que bloqueia nossa capacidade de rever certezas, e faz com que, ao invés de se abrir a receber contribuições e influências de indivíduos diferentes, a pessoa procure os seus iguais.

É bom que sejamos flexíveis na relação com a vida. E uma das formas de fazê-lo é ter menos compromisso com o que sabemos.

Às vezes, a solução de um problema ou o melhor passo para a realização de um projeto estão fora do seu saber, num campo novo que você deve explorar e que não deve, com atitudes defensivas, recusar-se a conhecer.

Um modelo que foi aprendido como certo, porque resultou em sucesso por algum tempo, pode virar um "eu já sei" e conduzir ao insucesso, em outro momento.

Será que a seleção brasileira de futebol de 2006, que se apresentou na Copa da Alemanha, foi vítima disso? Seria absurdo pensarmos que foi?

É claro que insucessos como aquele não são causados por um único fator, mas a convicção de alguns dos líderes do grupo de que já sabiam como ganhar, porque haviam conseguido isto antes, deve ter contribuído para que não percebessem que os modelos vitoriosos de 1994 e de 2002 não estavam presentes na Alemanha e que, para ganhar a Copa, precisariam fazer mudanças fundamentais.

Dei um exemplo ocorrido no futebol, um esporte coletivo, mas o conceito se aplica, também, a cada pessoa.

Se você tem a tendência de achar que já sabe, que já está pronto, tem grande chance de decepcionar-se, mais adiante.

Ninguém está sempre pronto. Reciclar-se e rever certezas é algo primordial para que alguém continue evoluindo.

Tenho, particularmente, grande dificuldade em lidar com casos graves do "eu já sei", aquelas pessoas desprovidas de dúvidas, aquelas que têm certeza de tudo.

Em geral, o resultado da interação com pessoas assim não é bom, porque elas tendem a ser excessivamente afirmativas. Costumo dizer que elas saem de casa com as respostas prontas, mesmo antes de conhecerem as perguntas. Isto inibe o diálogo e a contribuição que seus interlocutores poderiam agregar a cada assunto e, o que é mais grave, inibe a capacidade da própria pessoa de rever seus conceitos e de modificar-se naquilo que não a conduz a bons resultados.

Conheço uma pessoa assim. Ela tem, inegavelmente, grandes qualidades, mas não consegue parar em nenhum setor de trabalho, porque seu relacionamento com chefes e colegas sempre evolui para situações de impasse que fazem com que seja afastada.

É uma pena, porque se trata de alguém com boa capacidade de contribuição, mas que não consegue estabelecer interações produtivas por muito tempo, porque seu forte comando "eu já sei" acaba por levá-la a desgastes.

## O outro é responsável (não é comigo)

É um mau hábito, porque enganoso e prejudicial.

Não é com o outro, é com você mesmo!!!

A vida é sua e, numa relação madura com ela, você precisa responsabilizar-se e ser agente do seu destino.

Em "O homem à procura de si mesmo", Rollo May fala do ser humano que funciona como um radar, precisando de orientações e motivações externas: *"...é capaz de reagir, mas não de optar; não possui um centro próprio de motivação eficaz."*

Considerar que o outro é responsável é entregar a ele o seu destino, seja nas grandes ou nas pequenas coisas.

De certa forma, isto se relaciona com a opção pela queixa, porque possibilita, enganosamente, que joguemos a culpa para fora de nós.

O setor público é frequentemente retratado como exemplo de ambiente onde este desenho humano prevalece.

Na qualidade de servidor público, sei que isto não é sempre verdade, mas que há, de fato, nichos em que este comportamento ainda prevalece, o que acaba realimentando a forma como as sociedades tendem a ver funcionários e instituições do setor.

Pensemos num ambiente profissional em que alguns dos fatores abaixo estejam presentes:

- ações transformadoras não são adequadamente estimuladas pelos níveis hierárquicos superiores e, às vezes, chegam a ser bloqueadas;
- as pessoas que integram tal ambiente não conseguem enxergar um significado claro para seu trabalho, ou não são levadas, por seus líderes, a entender o valor desse trabalho;
- não há uma visão clara de objetivos e metas;
- líderes mal preparados "coisificam" seus liderados.

Ambientes com uma ou mais dessas características são férteis na geração de comportamentos do tipo "o outro é responsável (não é comigo)".

Se você observar bem, verá que as pessoas que assim reagem estão carregadas de queixa.

A própria frase "o outro é responsável, não é comigo" é, como disse acima, uma forma de "queixa preventiva", de opção pela inação mascarada de "não tenho nada com isso".

E esta opção pela inação decorre da impotência que a pessoa tende a sentir, quando inserida em ambientes que desestimulam ações transformadoras.

Vale reafirmar aqui que a ação possível será, às vezes, modesta e insuficiente, mas que mudanças pequenas não devem ser desprezadas e que a dificuldade em concretizar grandes transformações não deve eliminar a prática das pequenas ações transformadoras.

O comando "o outro é responsável" é opção pela queixa. Livre-se dela.

## Eu estou certo

*"Se você pretende sustentar opinião*
*E discutir por discutir, só pra ganhar a discussão..."*

(*Discussão*, de Tom Jobim e Newton Mendonça)

Este modelo mental é terrível e tem como corolário a ideia de que "o outro está errado".

Norberto Odebrecht, empresário que conduziu sua organização ao grande sucesso que ela alcançou no cenário empresarial, usava, na relação com seus liderados, uma "vacina" contra este modelo mental.

Ele afirmava que *"o importante não é saber quem está certo, é fazer a coisa certa"*.

Dito assim, parece óbvio, mas o comando "eu estou certo" é um dos que mais vítimas faz.

Querer estar certo pode ser um bom estímulo, na medida em que conduz alguém a buscar fazer o melhor, mas ser dominado por um comando interno que não nos autoriza a admitir o erro é algo que escraviza.

Em minha experiência pessoal, aprendi que uma das coisas mais limitadoras do desenvolvimento de alguém é sua incapacidade ou dificuldade de lidar abertamente com os próprios erros. É incrível observar como certas pessoas se defendem, quando confrontadas com a perspectiva de que um erro seu seja evidenciado.

O desenho humano "eu estou certo" complica a vida e reflete essa dificuldade de alguém lidar com seus erros. Errou? Assuma, relaxe e siga em frente.

É claro que ambientes em que prevalecem mentalidades punitivas podem estimular ou reforçar comportamentos defensivos, mas o principal problema não está no ambiente, mas no interior de quem é vítima deste comando social.

Quando você se desobriga de estar certo, tira um enorme peso dos ombros e fica livre para ser alguém normal, mais humano, o que acabará por torná-lo mais produtivo e, ironicamente, mais certo, porque capaz de lidar com seus erros e de corrigi-los.

Com muita propriedade, Richard Carlson pergunta, em "Não faça tempestade em copo d'água...":

– *Quero estar sempre certo ou quero ser feliz?*

Muitas vezes as duas coisas se excluem, automaticamente.

A frase de Norberto Odebrecht, citada no início deste tópico, convidava os executivos da empresa a não desperdiçarem suas energias em debates improdutivos e cobrava-lhes que sempre se concentrassem no que realmente importava, que era descobrir e fazer o que era certo.

Isto é simples de se entender, porém muito difícil de se pôr em prática, porque o comando "estar certo" é um dos que mais se interpõem nas discussões e um dos mais capazes de roubar sua objetividade.

No trânsito das grandes cidades, por exemplo, atrás de cada volante costuma estar alguém sob o comando do "estar certo". Se acontece uma situação de anormalidade, a tendência de cada motorista é achar que o outro errou. No trânsito, o consenso é difícil e, às vezes, nele se produzem casos dramáticos, nos quais o "estar certo" chega a tal nível de exacerbação que estabelece uma conexão com os níveis mais primitivos dos bichos-homens envolvidos, levando-os a atos de violência e até mesmo a crimes.

Não é preciso ir tão longe, porém. No dia a dia, no trabalho ou na vida familiar, este desenho humano pode atrapalhar o encaminhamento de boas soluções.

Uma outra forma de expressão do "eu estou certo" é o "eu falei...", que também se apresenta na forma interrogativa: "não falei?"

Tudo isto advém do comando "eu estou certo", campeão na geração de comportamentos inadequados, seja na vida profissional, seja na familiar (marido e mulher, pai e filho etc.) e me parece claro que este comando é uma disfunção, um exagero da necessidade de afirmação e de reconhecimento da pirâmide de Maslow.

O negócio, portanto, é descobrir e fazer o que é certo, pouco importando quem está certo.

## Explico e justifico

Como disse, os desenhos humanos se interligam e, em certo sentido, uns podem ser variações ou formas diferentes de se expressar um mesmo desvio.

O modelo mental "explico e justifico" pode funcionar como um primo-irmão do "eu estou certo", na medida em que também funciona como uma atitude defensiva pela qual a pessoa não faz o que devia, mas explica e justifica.

O justificador está sempre na defensiva e, para quem o observa, fica óbvio que, ao fazê-lo, recorre a álibis e acusa causas externas a ele, para isentar-se de culpa.

Há pessoas que se aprimoram na capacidade de encontrar justificativas para "não ser" e "não fazer". Em vez de desenvolverem a capacidade de ser e de fazer, usam suas energias para encontrar explicações e justificativas para tudo que não conseguem realizar.

É óbvio que isto lhes trava o desenvolvimento pessoal e profissional, mas a pessoa que desenvolve este hábito pode não perceber que está presa a este modelo mental.

O mesmo se aplica a grupos, no trabalho.

Aponto o "explico e justifico" como parente próximo do "estar certo", porque ele também expressa a dificuldade que a pessoa pode ter de assumir seus próprios erros e pontos fracos e de lidar com isto.

## Um encontro do "eu apressado" com o "eu estou certo"

Para evitar filas, tinha o hábito de comprar vários bilhetes de metrô de uma vez. Numa delas, cheguei ao guichê, movido por minha pressa habitual e pedi:

– Quatro duplos.

A moça não me ouviu bem. Entregou-me o troco e quatro bilhetes unitários.

Não fui grosseiro, tenho certeza disto, mas é provável que minha voz tenha revelado alguma impaciência, quando alertei a moça de que eu pedira quatro duplos.

Isto mobilizou o "eu estou certa" dela, porque ela me respondeu num tom pouco simpático:

– O senhor pediu quatro.

– Não, eu pedi quatro duplos, responderam em uníssono, já num tom mais impaciente, o meu "eu apressado" e o meu "eu estou certo".

A moça freou, então, seu "eu estou certa", desculpou-se e me levou a perceber, mais uma vez, a força dos comandos internos.

Fatos como este acontecem com a gente, com frequência. Alguém mexe com uma característica sua, um de seus modelos mentais e, se você está submetido a alguma pressão, mesmo que leve, responde por impulso, ou melhor, permite que as respostas sejam dadas por esses comandos que, de repente, sem que percebamos, assumem o controle de nossas vontades.

## *Modelos mentais sob pressão*

Tanto quanto qualquer outro comando interno, os modelos mentais se fortalecem e tendem a prevalecer, de maneira mais intensa, quando a pessoa está sob pressão e, por isto, responde mais a impulsos do que à razão.

Em tais circunstâncias, alguém que é prisioneiro do comando "estar certo" ficará tenso, ao ver-se diante do risco de estar errado e, caindo na defensiva, tenderá a comportar-se de forma menos madura, lidando mal com a situação, reclamando, resmungando, botando a culpa nos outros e defendendo-se, em vez de tratar da questão objetivamente.

Tente, portanto, ficar mais atento à ação dos modelos mentais, nos momentos em que estiver sob pressão.

## *Desarmando modelos mentais*

É difícil que alguém escape de, vez por outra, se deixar comandar por um desses modelos mentais.

A ideia de apresentar-lhe tais modelos é ajudá-lo a identificar a presença deles, em você (autoconhecimento) e em seus interlocutores, pela utilidade que este conhecimento pode ter para suas relações interpessoais, seja no campo profissional, seja em sua vida particular.

Modelos mentais podem, por exemplo, ser causa de impasses, quando o seu desenho humano "fala" com o de seu interlocutor.

Se, por exemplo, você interage com alguém cujo "estar certo" está ativo, a pior coisa que pode fazer é fustigá-lo com a ideia de que ele está errado. Se fizer isto, são grandes as chances de que a discussão não chegue a bom lugar.

Ao contrário disso, o que você deve fazer, se conseguir perceber um "estar certo" à sua frente, é tentar desarmar os espíritos e dissipar as tensões que este modelo mental tende a causar em quem está sob seu domínio.

Por outro lado, se é você quem está sob o comando "eu estou certo", não deve esperar que seu interlocutor vá ter a compreensão sugerida nos parágrafos anteriores, mas pode dar-se conta de que o seu modelo mental está prejudicando a evolução da conversa e tentar desarmar-se.

Um bom recurso, nesses momentos, esteja o modelo mental atuando em você ou em seu interlocutor, é fazer uma breve pausa, beber uma água ou um café, quebrar, enfim, a situação tensa em que uma ou ambas as partes tendem a se tornar rígidas.

É provável que, no retorno, os ânimos estejam mais calmos e a discussão possa voltar a ser produtiva.

# 12

# Relação com o tempo

*"Tudo bem, eu vou indo*
*Correndo, pegar meu lugar*
*No futuro, e você?"*

(Paulinho da Viola, em "Sinal Fechado")

## *Jáááááááá????!!!!*

Já estamos em março???!!! Em junho???!!! Caramba, o fim do ano já está chegando de novo!!!!

É assim que a gente vive hoje em dia, não é? Surpreendendo-se, a cada momento, com a velocidade do tempo, com os anos que passam tão rapidamente, com a vida escoando num ritmo que foge ao nosso controle e à nossa capacidade de percepção.

Por que a vida está passando tão depressa, para a grande maioria das pessoas?

Não sei se tenho boas respostas para a questão de nossa relação com o tempo, mas este é um dos assuntos que mais me despertam interesse, porque percebo-o como algo fundamental para nosso bem-estar emocional, algo indispensável a nosso encontro com a paz.

E a paz é, neste sentido, um exato contraponto à correria em que vivemos.

## E os dias melhores, quando virão?

Há algum tempo, Arnaldo Jabor escreveu em sua coluna do jornal O GLOBO um texto extraordinário no qual lançava um repto contra a loucura dos tempos modernos e, já no título, perguntava: "Nossos dias melhores nunca virão?"

Nele, Jabor se declarava "em crise com o tempo" e perguntava: *"Que estranho presente é este que vivemos hoje, correndo sempre por nada, como se o tempo tivesse ficado mais rápido do que a vida?"*

Jabor reclamava, então, do engodo das ideias utópicas surgidas na segunda metade do século XX, que previam que o progresso traria mais ócio, mais lazer e mais paz para as pessoas e constatava que, em vez de sossego, temos mais competição e mais exigência de produtividade.

Quem não se identifica com esta queixa, nos dias de hoje?

## Pare o mundo que eu quero descer

Eu escrevi, há bastante tempo, numa letra de rock já citada:

> *"Desde que eu ganhei*
> *Aquela corrida de espermatozóides*

*E conquistei a vida*
*Puxa! Como tenho corrido..."*

E o cantor e compositor Sylvio Brito já protestava, há décadas, nos primeiros versos de uma canção:

*"Pare o mundo que eu quero descer*
*Que eu não aguento mais escovar os dentes*
*Com a boca cheia de fumaça..."*

Ao longo do tempo, porém, as coisas pioraram muito, em termos de correria e de fumaça.

A luta pela vida converteu-se, cada vez mais, numa corrida pela vida e os humanos aumentaram, dramaticamente, as agressões ao nosso planeta e a emissão de fumaça.

Mesmo assim, não dá para descer do mundo. É nele que estamos embarcados, é nele que seguiremos nossa viagem.

A questão é aprender a conviver com a loucura dos nossos dias, é lutar por viver melhor, apesar da pressa e da competição desenfreada, quase sempre desnecessária.

## Corrida contra o tempo

A consciência de que seu tempo é finito faz o homem mover-se para ganhar tempo. Junte isto com a lei do menor esforço e você entenderá a razão da existência dos meios de transporte: animais, charretes, carros, trens, navios, aviões. Na origem de tais criações, o ser humano buscou mais velocidade e menos esforço.

E aí, você se descobre, hoje, ao volante de um carro, buzinando nos engarrafamentos deste planeta cheio de fumaça e já com problemas de superaquecimento (o planeta, não o seu carro), a reclamar do trânsito que vai fazer você "demorar" vinte minutos ou meia hora para chegar a um lugar aonde chegaria em duas horas, se fosse a pé.

Sim, porque a sensação de velocidade do tempo parece ter comportamento similar ao da sensação térmica, que não é igual à medida da temperatura. Deve ser por isso que, quanto mais a gente corre, mais o tempo parece correr.

Imagine se você ficasse sabendo que seu tempo de vida é infinito ou, para não exagerarmos tanto, que sua vida pudesse durar duzentos a trezentos anos, ou tanto quanto você quisesse.

Será que a sua relação com o tempo mudaria?

Talvez não, porque a variável em jogo não é o tempo de vida, sobre a qual não temos domínio; é a percepção da velocidade em que passa a nossa vida, e isto se relaciona com o ritmo a que nos submetemos.

Afinal, a expectativa média de vida de um ser humano, no início do século passado, era muito menor do que a atual, e a impressão que temos é de que, apesar disso, corremos cada vez mais, como se nosso tempo fosse acabar amanhã.

O sociólogo Mario Sergio Cortella é um dos críticos dessa pressa doentia dos dias de hoje, pela qual somos levados ao pensamento enganoso de que, para ser bom, tem que ser rápido. Certa feita, em entrevista ao programa Conexão Roberto D'Ávila, ele citou, a título de exemplo dessa maluquice moderna, a incrível ideia do velório *drive-thru*. É mole?

Em www.francianeulaf.com/tempo/artigos/tempo_voa.htm, no artigo "O tempo voa", Jacob Needleman nos falava da *"nova pobreza"* e afirmava que fazemos parte de uma sociedade que enriqueceu no plano material, mas que é pobre no que diz respeito ao tempo, porque *"a qualidade do tempo dedicado ao convívio humano simplesmente desapareceu de nossas vidas."*

Será que a solução é acelerar cada vez mais?

## Slooooooooow.....

Em sua coluna de 20 de abril de 2006, no jornal *O GLOBO*, Cora Rónai citou a veterinária Vanessa Ornella, de quem disse:

– Há tempos não encontro voz tão original.

Vanessa publica textos bastante instigantes em seu *blog*, nos quais menciona que *"descobriu uma novidade absolutamente revolucionária: a lentidão de caráter"*, e afirma: *"esta pode ser a saída para nossos males"*.

No blog, Vanessa Ornella conta que passou uma temporada em Mauá, que lhe proporcionou aprender o *"ritmo certo para se viver:* ***slooooooooow****"*.

Seu texto nos convida a uma atitude diferente na relação com o tempo e está implícito, neste convite, que só devemos aceitar correr quando isto for, de fato, necessário.

Se o garçom demora a lhe atender, nada de pressa. Deixe que ele converse e venha no tempo dele.

A comida custa a chegar em Mauá? Deixe que ela chegue *"quando se sentir pronta e deliciosa"*.

Vanessa prossegue lembrando que as pessoas não contam mais até três mil *"antes de mandar alguém à merda"* e sugere que retomemos, então, *"essa coisa da lentidão de caráter"*.

A proposta dela pode ser mesmo um achado, uma ótima tentativa de resposta à loucura de nossos dias, que tanto nos perturba.

Vanessa nos faz ver que nos acostumamos a viver com pressa e passamos a tê-la, mesmo quando correr não faz o menor sentido. Quantas vezes, em situações em que não tem qualquer motivo para isto, você permite que a pressa o comande, apenas porque está viciado na correria?

Alerta-nos, também, para o fato de que nem sempre o vício da pressa é algo explícito, visível. Ele pode manifestar-se, por exemplo, numa cobrança que você faz a seu filho ou filha, quanto a alcançar determinado desempenho, quando o ritmo dele ou dela para buscar resultados não é igual ao seu.

Não sou defensor de mudanças radicais, desprovidas de realismo, porque, com frequência o impulso de realizá-las acaba nos levando para o extremo oposto, no qual as perdas podem ser tão grandes quanto as que estamos tentando evitar, e isto se aplica à relação com o tempo.

É óbvio, porém, que em nossa relação com ele, devemos mudar de atitude e precisamos fazer algo forte a respeito, porque estamos muito mal condicionados e corremos sempre, mesmo quando isto não é necessário.

Portanto, quando viver momentos assim, em que a corrida não é indispensável, mas você se sente impelido a correr, tente lembrar-se do convite de Vanessa Ornella: ***slooooooooow...***

Esta atitude pode oferecer outras vantagens.

No artigo "O tempo voa", já citado, Jacob Needleman nos falava das descobertas do imperador romano Marco Aurélio, há vinte séculos, a respeito de nossa relação com o tempo.

Needleman contava que, para fazer frente à velocidade crescente dos fatos da vida, Marco Aurélio propunha que a pessoa olhasse para si mesma e observasse, com calma e interesse, o que se passava na sua mente para, assim, libertar-se da velocidade dos fatos externos e das novas ideias e *"resgatar a qualidade do tempo"*.

As reflexões de Marco Aurélio apontam para o interior da mente de cada pessoa, sugerindo que ali se encontra a fonte de sua relação inadequada com o tempo. Isto nos remete, de novo, à ideia de que não é o tempo que corre mais ou menos; somos nós que internalizamos uma forma de lidar com a vida que nos leva à sensação de que ele está passando mais depressa.

A paz que nos permite saborear a vida não está presente em nossas mentes, quando introduzimos, em nossa relação com ela e com o tempo, a pretensão de vivê-la com um foco mais quantitativo do que qualitativo e a ansiedade de não deixar que nada nos escape. Como isto é impossível, a gente acaba não conseguindo saborear o momento presente, o único que possuímos.

Jabor chegou à essência da questão, quando associou a falta de paz de nossos dias à corrida desenfreada por mais produtividade. É a prevalência da quantidade sobre a qualidade.

## Dá para viver mais devagar?

Circula na Internet um texto com este título, assinado por J. Walter, funcionário da empresa sueca Volvo há quase vinte anos.

Ele nos fala de como os suecos se relacionam com o tempo, propondo-se a adoção de um modelo conscientemente escolhido para ser diferente do praticado pela maior parte das sociedades urbanas modernas.

J. Walter relata a dificuldade que funcionários estrangeiros têm de aceitar tal modelo e a determinação em mantê-la que os suecos demonstram.

Conta, também, que existe hoje, na Europa, um movimento chamado *Slow Food*, promovido por uma associação cuja sede fica na Itália, que prega que *"as pessoas comam e bebam bem devagar, saboreando os alimentos, curtindo seu preparo, no convívio com a família, com amigos, sem pressa e com qualidade. A ideia é a de se contrapor ao espírito do* Fast Food *e ao que ele representa como estilo de vida."*

E é neste ponto que se revela outra provável vantagem do estilo "slow".

Embora a ideia de redução de jornadas de trabalho seja alvo de muitas controvérsias quanto à sua eficácia, os europeus andam descobrindo, segundo J. Walter, que trabalhadores submetidos a jornadas menores e a um modelo chamado de "slow attitude" aumentam sua produtividade, ao trabalharem num ambiente menos coercitivo, mais leve e com menos *stress*.

É claro que, como o mundo vai continuar correndo, só uma atitude consciente – e, possivelmente, individual – poderá levar alguém a adotar e sustentar outro ritmo.

É um desafio considerável, mas pode valer a pena, na medida em que além de menos tensos, também possamos nos tornar mais produtivos.

# 13

# Relações interpessoais

*"É preciso amar as pessoas*
*como se não houvesse amanhã,*
*porque, se você parar pra pensar,*
*na verdade não há."*

(Renato Russo)

## Tão diferentes, tão iguais

Muito do que foi dito até aqui pode ter aplicação direta em sua vida pessoal, mas também serviu de preparo para este capítulo e para os que virão a seguir, nos quais tratarei de seu relacionamento com outras pessoas e com o trabalho.

Eu disse antes que somos todos diferentes, e é verdade! Não há dois seres humanos iguais. Nem mesmo um clone de outro ser humano será igual àquele que lhe deu origem. Poderá ser igual geneticamente, mas não o será emocionalmente, nem terá as mesmas vivências.

Por outro lado, reduzido à sua expressão mais simples, todo ser humano é um animal que pensa e sente emoções e, nesta dimensão, todos são iguais, fortes e frágeis, poderosos e vulneráveis, dotados de coragens e de medos, comandados pelos mesmos impulsos primais.

E é desta perspectiva, deste ponto de vista, que eu acho que deve brotar, dentro de cada um de nós, a generosidade de nos reconhecermos seres iguais e de tratarmos o outro como gostamos de ser tratados.

Quando alguém consegue compreender que, tanto quanto tem sua própria janela de Johari e seus próprios comandos internos, cada um de seus interlocutores também tem, as coisas começam a ficar mais fáceis.

Há, porém, outras informações, no campo das relações interpessoais, que considero relevantes para o aprendizado de quem quer viver melhor.

## Teoria de Ação – A busca da origem dos comportamentos

A análise do comportamento dos indivíduos nas organizações ganhou nova dimensão quando, em 1975, Chrys Argyris e Donald Schon propuseram o conceito de "teoria de ação", com o qual se passou a dar foco, na gestão das instituições, aos comandos internos de cada pessoa, aqueles comandos que governam seu comportamento.

Minha fonte de estudo para o tratamento do tema neste livro foi um extrato do trabalho "Desenvolvimento e Deterioração Organizacional", produzido por Sergio Foguel e Carlos César Souza (Editora Atlas – 1980).

Em seus estudos, Argyris e Schon buscaram identificar as causas comportamentais para, a partir delas, chegar a seus efeitos, desenvolvendo, assim, uma melhor compreensão da relação causa e efeito dos comportamentos de líderes, no mundo empresarial.

Entendo que, tanto quanto outras teorias sobre comportamento humano nas organizações, o conceito de "teoria de ação" também pode ser ampliado, estendendo-se a outros campos da vida das pessoas, não se restringindo à relação de líderes com seus subordinados.

## Teoria de Ação – Valores como comandos internos

Argyris e Schon desenvolveram ampla pesquisa, ao fim da qual concluíram que cada pessoa age em função de uma "teoria de ação individual", que se fundamenta nos seus **valores**, vale dizer, nos critérios que ela usa para interagir com seus semelhantes e com os fatos da vida.

Assim como as características pesquisadas no sistema "PI" e as necessidades hierarquizadas por Maslow, os valores também funcionam como comandos internos e, assim, governam nosso comportamento, sem que a pessoa se dê conta de estar submetida a eles.

Segundo Argyris e Schon, aos valores se seguem os **pressupostos**, a maneira como a pessoa vê a si e aos outros, bem como a realidade em que vive.

Argyris e Schon definiram, como terceiro elemento da teoria de ação de um indivíduo, as **estratégias** que ele usa para obter, em suas interações com o mundo, resultados compatíveis com seus valores e pressupostos.

O quarto elemento definido pelos pesquisadores é constituído dos **resultados obtidos**, isto é, das consequências advindas dos comportamentos desenvolvidos sob o comando dos elementos anteriores.

Resumindo: valores, pressupostos, estratégias e resultados obtidos compõem, na visão dos pesquisadores suíços, a teoria de ação de uma pessoa.

## Teoria de Ação – Imaginada e Praticada

Por serem governadas por valores que se caracterizam como comandos internos, as teorias de ação são, quase sempre, não conscientes para as pessoas que as usam.

Disto resulta que a teoria de ação que uma pessoa pensa praticar pode ser muito diferente, às vezes antagônica, daquela que ela realmente pratica.

Em termos mais simplificados, sabemos que todo mundo tem sua "forma de agir", mas as pessoas costumam ignorar que:

- Aquilo que elas identificam como sua "forma de agir" é, apenas, a parte visível de sua "teoria de ação". Há, por trás do que se mostra, um conjunto de valores e pressupostos que governam a "forma de agir", nem sempre visíveis para ela ou para os outros (lembremo-nos, de novo, da janela de Johari).
- Com frequência, aquilo que elas pensam ser suas teorias de ação não é o que realmente praticam (discurso inconsistente com a prática).

## Teoria de Ação – Modelos I e II de Comportamento

Argyris e Schon identificaram dois tipos de comportamentos característicos, a que chamaram de Modelos I e II.

Embora, como veremos adiante, seus resultados não sejam os mais desejáveis, o Modelo I predomina e é usado, segundo se apurou na pesquisa, por 95% das pessoas.

No Modelo I, os valores que governam o comportamento expressam uma orientação defensiva, com forte base em "não confiar".

Para ter segurança, a pessoa tende a querer exercer domínio sobre ambientes, tarefas e pessoas e, para isto, orienta-se por ideias do tipo:

- eu defino;
- eu quero;
- ganha-perde;
- ênfase à racionalidade;
- negação de sentimentos.

No Modelo II, os valores que governam o comportamento têm como base a confiança e a abertura. As ideias predominantes são as que propiciam:

- compartilhamento de planos e de informações;
- escolha livre;
- ganha-ganha;
- expressão de sentimentos;
- comprometimento entre as partes e com os objetivos comuns.

É importante observar que, como dizem Ruy Guerra e Chico Buarque, nos versos declamados do "Fado Tropical", *"há distância entre intenção e gesto"*.

Havendo, como há, predominância de comportamentos de Modelo I, frequentemente acompanhados da percepção de que alguns procedimentos deste modelo não são bem recebidos por quem é alvo deles, seu agente pode adotar "camuflagens", discursos de Modelo II que, por não se confirmarem nas suas ações, acabam soando como manipulação e produzindo efeitos contrários aos desejados.

Não é demais reforçar, aqui, o fato de a teoria de ação praticada por alguém provir de comandos (no caso, valores) não percebidos por quem a adota. Isto faz com que as ações manipuladoras que a pessoa usa, quando adota o Modelo I, não sejam acintosas e, por isto mesmo, não sejam evidentes, nem para seus praticantes, nem para aqueles que são seus alvos. Ao contrário disto, tais ações podem ser sutis, discretas.

Isto, porém, não impede que venham a ser **sentidas** por quem é submetido a elas e, quando isto acontece, surgem interações menos produtivas.

Desenvolvem-se, então, relações fundadas em desconfiança, sem que as pessoas tenham consciência do que origina este tipo de relacionamento.

É claro que, quando envolvida em relações sem confiança, características do Modelo I, a pessoa não se entrega e desenvolve comportamentos defensivos.

Ao contrário disto, as relações em Modelo II propiciam a entrega das pessoas aos propósitos comuns dos grupos de que fazem parte.

## Resultados das Teorias de Ação Modelos I e II

Em sua pesquisa, Chrys Argyris e Donald Schon avaliaram também, os resultados obtidos por pessoas que empregam cada um dos modelos de teoria de ação; e as conclusões a que chegaram são de grande relevância para quem deseja desenvolver-se como ser humano e melhorar suas relações com a vida e com seus semelhantes.

Eles concluíram que o emprego das teorias de ação de Modelo II leva a resultados muito melhores, dos quais destaco dois, como aqueles que, a meu ver, são os de maior impacto:

- O Modelo II é eficaz, a curto prazo, e tem eficácia crescente, a longo prazo. Enquanto isto, o Modelo I costuma apresentar eficácia de curto prazo, que tende a ser decrescente com o passar do tempo.
- O uso do Modelo II gera aprendizagem de segundo grau, aquela em que a pessoa é capaz de rever seus valores e pressupostos e, a partir disto, rever também suas estratégias. O emprego do Modelo I só gera aprendizagem de primeiro grau, o que vale dizer que, ao aprender com seus erros e acertos, a pessoa só muda suas estratégias de ação, mas não revê seus valores e pressupostos.

É óbvio que, inserida num mundo em que 95% dos indivíduos – quase todos nós – usam teorias de ação de

Modelo I, pode parecer assustador para alguém tentar adotar um comportamento aberto, fundado na confiança; mas quem é governado por valores de Modelo II não teme este risco, porque estes são seus comandos internos e ele está psicologicamente estruturado para isto.

Também não deixa de ser curioso que as pessoas que usam teorias de ação de Modelo I, tão preocupadas em dominar e manipular as situações para se assegurarem de mantê-las sob controle, acabem chegando a resultados inferiores aos alcançados por aquelas que não usam tal modelo.

Este é um importante aspecto da questão. A pessoa que, acintosa ou sutilmente, manipula pessoas e ambientes, paga, a longo prazo, o alto preço da perda de eficácia de suas ações.

Comandada, porém, por seus valores – e sem colocá-los em xeque, vale dizer, sem desenvolver aprendizado de segundo grau – a pessoa cria novas estratégias, mas não consegue concebê-las em Modelo II, o que faz com que volte a cometer os mesmos erros estruturais e a colher, a longo prazo, novos problemas.

Isto se aplica a qualquer relação interpessoal, seja ela entre chefe e subordinado, entre pais e filhos, cônjuges ou casais de namorados.

## Aprendizagem de Segundo Grau

Sergio Foguel e César Souza registram, em seu livro, que a aprendizagem de segundo grau só se dá em ambientes de Modelo II.

Isto pode explicar porque, na maior parte das vezes, aqueles seminários de final de semana e mesmo treinamentos formais mais extensos são menos eficazes do que deles se espera.

Mudanças profundas como as que se dão no aprendizado de segundo grau não ocorrem facilmente, nem podem resultar de atividades que apenas transmitem, aos participantes, informações sobre novos valores e novas formas de se relacionar com a vida, com o trabalho e com outras pessoas.

Mesmo sendo comum que nesses eventos se produzam momentos de aprofundamento de emoções e reflexões sobre a realidade vivida pelos indivíduos e equipes participantes, essas experiências costumam esvair-se em pouco tempo.

Energizada pela experiência do seminário ou treinamento, a pessoa sai de lá "levitando", cheia de entusiasmos e ideias.

Com o passar dos dias, porém, a energia extra vai sendo confrontada com a rotina de ambientes e culturas não propícios a grandes transformações e, dentro de algum tempo, todo aquele aprendizado se transforma em uma boa, mas frustrante, recordação.

É hora de lembrarmos os versos de Camões: "Só se aprende ... VENDO, TRATANDO e PELEJANDO".

Treinamentos formais e seminários podem ser boas formas de "ver", mas as mudanças profundas requerem o esforço de "tratar e pelejar".

Isto significa que, terminado o evento energizante, cada pessoa precisa manter-se aquecida, tratando e pelejando, no seu dia a dia, com os novos conhecimentos adquiridos e mergulhando mais em si mesma, para assim exercitar novas formas de responder às questões que a vida lhe propõe.

Para tanto, quase sempre precisará de acompanhamento e assessoria de especialistas, mas isto é coisa que as empresas raramente proporcionam a seus executivos.

Por mais que assim seja, conhecer os valores que caracterizam os Modelos I e II e tentar praticá-los, ainda que sem maior aprofundamento e sem o apoio de uma assessoria especializada, é um grande passo adiante.

Abrir mão da pseudo-segurança de ter controle sobre tudo – tarefas, ideias, emoções, regras do jogo – pode parecer ameaçador, mas os resultados são bastante atraentes.

Como já disse antes, este livro tenta ser um autosserviço de ideias. Aqui estão algumas, que me parecem muito valiosas.

Sugiro que tente servir-se delas. São das mais ricas que já colhi, ao longo de meu aprendizado pessoal e profissional.

## Teorias X e Y

No campo dos pressupostos mencionados no estudo das teorias de ação – a maneira como alguém vê os outros – há um par de visões, as teorias X e Y, que se constitui em estudo dos mais consagrados e que merece ser analisado, por sua capacidade de contribuir para o entendimento de fatores que interferem nas relações interpessoais.

Tanto quanto em outros temas aqui abordados, entendo que, embora tenha sido desenvolvido com foco nas relações entre chefes e subordinados, o conceito das teorias X e Y, proposto por Douglas McGregor, pode ser estendido às relações entre pessoas em qualquer ambiente, inclusive fora das organizações.

Na visão voltada para as relações de trabalho, alguém que esposa a "Teoria X" tem como pressupostos que:

- O ser humano, de um modo geral, não gosta de trabalho e tenta evitá-lo, na medida do possível.
- Em função disso, ele precisa ser controlado e sofrer coerção, para produzir bem.
- Além disso, foge de responsabilidades e, por isto, prefere ser comandado.

Por outro lado, alguém que esposa a "Teoria Y" tem como pressupostos que:

- O ser humano comum pode ter, no trabalho, uma fonte de realização e de prazer pessoal.
- O ser humano comum é capaz de comprometer-se com objetivos de trabalho e de autocontrolar-se.
- Além disso, é capaz de aprender a assumir responsabilidades e não fugirá delas, quando sentir-se apto a assumi-las.

De certa forma, talvez possamos resumir tais ideias assim:

- Teoria X – Desconfiar, até prova em contrário.
- Teoria Y – Confiar, até prova em contrário.

Se analisarmos estas teorias à luz dos estudos de Chrys Argyris e Donald Schon, veremos que os pressupostos da Teoria Y têm como fundamento – como valor governante –, a confiança de alguém em seus semelhantes, uma base fundamental, a meu ver, para o desenvolvimento de relações interpessoais construtivas.

Como disse antes, embora apresentadas com foco na visão do líder, na relação com seus liderados, as teorias X e Y podem ser vistas de forma ampliada, para se aplicarem a qualquer pessoa, qualquer que seja seu papel na organização em que trabalha e, mesmo, na sociedade em que vive.

Afinal, um indivíduo que não exerce chefia também pode ter crenças de Teoria X ou de Teoria Y e comportamentos que reflitam isto nas interações com colegas, com o próprio chefe e com familiares e amigos.

Vejo a Teoria Y, quando ampliada para a vida em geral, como a possibilidade de alguém ter uma visão mais generosa de seu semelhante e como uma fonte de paciência e compaixão.

Richard Carlson (Não faça tempestade em copo d'água...) recomenda que liguemos paciência com generosidade, quando propõe que busquemos a inocência das pessoas, como instrumento para se desarmarem as irritações que possam estar nascendo.

Conta-se que alguém perguntou ao nosso querido poetinha Vinícius de Moraes:

– *Vinícius, você gosta de criança?*

E ele, magistral:

– *Gosto. Teoricamente.*

Acho que o raciocínio pode aplicar-se a gostar de gente, de um modo geral. É mais fácil gostar delas teoricamente. Na prática, há momentos em que isto pode ser mais difícil e é em momentos assim que os pressupostos de Teoria Y podem ajudar.

Quando uma pessoa, conhecida ou estranha, faz algo que o incomoda ou o atinge, você pode, numa visão de Teoria X ampliada, reagir com base em julgamentos negativos que pressupõem que ela quis causar tal efeito, ou, no mínimo, foi descuidada ou desatenta.

Você pode, porém, ter a visão de Teoria Y, mais generosa, e lidar melhor com a situação, colocando-se no lugar de seu interlocutor e reconhecendo que, às vezes, você também atinge ou incomoda outras pessoas, não por intenção ou desleixo, mas simplesmente porque comete erros.

E o que se ganha com isto?

Bem, minha experiência pessoal revela que, sempre que em tais momentos consigo ter reações simpáticas, recebo de volta atitudes agradáveis.

Isto vale para todos os ambientes, não apenas os de trabalho.

Outra forma de analisar a polaridade entre as teorias X e Y, no trabalho, é dar-se conta de que você pode produzir pela vontade de fazer, de realizar algo, ou, de outro lado, por medo de uma repreensão ou de perder o emprego. Qual você prefere?

Se prefere a primeira opção, por que deveria achar que as outras pessoas precisam ser vigiadas para produzirem?

Norberto Odebrecht escreveu, certa feita, que o trabalho deve ser realizado por força da vontade de seres humanos livres e não como resposta ao emprego de métodos coercitivos. Isto é teoria Y.

Não custa lembrar que generosidade não é sinônimo de ingenuidade.

Podem surgir situações em que você oferece a seu interlocutor a oportunidade de agir bem, mas ele opta por manter-se em caminhos inadequados.

Nestes casos, você precisa posicionar-se e defender seus interesses. Ser bonzinho, nestas horas, não vai ajudar em nada, mas, ainda assim, há dois pontos importantes a considerar:

- É preciso distinguir bem os casos em que, efetivamente, alguém está tentando fazer algo deliberado contra você ou contra o resultado que seu grupo busca.
- Mesmo nestes casos, a paciência desenvolvida com a prática do uso da Teoria Y pode ser um ótimo instrumento para lidarmos com as situações desagradáveis e para conseguirmos resultados satisfatórios.

## Dignidade Humana

O capítulo 2 do livro "Men at work", de Paulo Gaudêncio, trata, com a mestria tantas vezes citada aqui, da questão da dignidade do ser humano e de como isto passou a fazer diferença na gestão empresarial, a partir do momento em que esta gestão se modernizou e tornou-se capaz de perceber a força decisiva do ser humano no destino das organizações.

Ele fundamenta suas reflexões sobre o tema num livro publicado, pela primeira vez, em 1788, no qual o filósofo Immanuel Kant registrou pensamentos sobre a diferença entre pessoas e coisas.

Paulo analisa esta diferença e destaca que, enquanto coisas têm preço e podem ser trocadas por algo de valor equivalente, o valor de cada ser humano, que lhe é intrínseco e não possibilita trocas, é a sua dignidade.

A partir daí, ele nos apresenta a ideia de utilidade, medida que pode ser aplicável como único critério de avaliação de uma coisa, mas não quando tratamos com seres humanos.

Ocorre que não é incomum que, submetidas às pressões do dia a dia, ou desprovidas de valores humanos mais adequados, algumas pessoas optem pela "coisificação" de seus semelhantes, avaliando-os, de forma predominante ou quase exclusiva, por critérios de utilidade.

Paulo Gaudêncio resume a questão de forma bastante simples:

- Quando respeitadas em sua dignidade, as pessoas tendem a comprometer-se e a desenvolver autonomia, vale dizer, respondem como pessoas.
- Quando tratadas como coisas, tendem a dar respostas de coisas.

É claro que, no mundo das organizações, não se pode ignorar que pessoas também estão sujeitas a avaliações por critérios de utilidade, mas é fundamental, para que não se comportem como coisas, que este não seja o único critério e que não falte o respeito à sua dignidade.

Coisificar ou dignificar... Isto não lhe remete às teorias X e Y ou às teorias de ação de Modelos I e II?

## O retorno das interações

> *"Trate o homem como ele é*
> *e ele permanecerá como é;*
> *trate-o como ele deve ser*
> *e ele será como pode e deve ser."*
>
> (Goethe)

Como já disse, anteriormente, todos esses conceitos que tratam das relações entre pessoas no trabalho podem ser ampliados para outros campos da vida.

No fundo, teorias X e Y, teorias de ação de Modelos I e II, coisificar ou dignificar são formas de você se colocar perante seu interlocutor, algumas baseadas na confiança e no respeito a seu semelhante; outras,em valores opostos a isto.

Num outro corte, trata-se de você se propor a relacionar-se com o lado "coisa" de alguém, ou com seu lado digno.

Nesse sentido, tenho muito respeito por quem erra tentando acertar. Um clima de confiança e de interações construtivas não se constrói com censuras a quem erra enquanto tenta fazer a coisa certa.

As pessoas podem, às vezes, ter dificuldade em aceitar críticas, mas conseguirão aceitá-las, se nelas perceberem respeito, em vez de censura.

Quando alguém tenta acertar e não consegue e recebe em troca censura, sente-se injustiçado e isto conduz a desconfiança e insegurança.

Quando, ao contrário, percebe seu erro ou é levado a fazê-lo e, sendo tratado com respeito, recebe ajuda em vez de censura, sente-se seguro e confiante para continuar tentando os bons resultados.

É relevante que se saiba, como deixam claro Argyris, Schon, Paulo Gaudêncio e a frase de Goethe, acima, que o retorno que se recebe é função de como nos colocamos nas interações, tanto o retorno proporcionado pelos interlocutores – respondem como gente ou como coisa – como nosso próprio retorno emocional, a satisfação ou frustração que experimentamos quando construímos relações agradáveis e produtivas ou desagradáveis e improdutivas, respectivamente.

A propósito deste tema, o jornal "O GLOBO" publicou, em 10/10/2006, reportagem sobre uma pesquisa científica realizada por cientistas brasileiros e norteamericanos que trata, por outro ângulo, do retorno das interações construtivas.

Os pesquisadores concluíram que *"fazer o bem foi uma importante estratégia evolutiva para garantir o sucesso da espécie humana"*.

Recorrendo ao mapeamento do cérebro de pessoas, eles descobriram que o comportamento altruísta ativa o sistema de recompensa do cérebro, *"responsável por associar sensações de prazer a determinados compor-*

*tamentos, sobretudo os considerados importantes para a perpetuação da espécie, como o sexo, por exemplo."*

Os cientistas constataram que *"o altruísmo ativa, em nós, uma região muito primitiva, chamada 'córtex subgenual', ligada à formação de laços sociais e ao amor"* e que isto não é obra do acaso, é algo que existe para servir à evolução humana.

## Paciência e Generosidade – Dar um "A"

*"Fale tranquilizando a quem ouve."*

(André Luiz)

Roberto Shinyashiki ("O sucesso é ser feliz"), Richard Carlson ("Não faça tempestade em copo d'água... e tudo na vida são copos d'água") e Rosamund e Benjamin Zander ("A arte da possibilidade"), todos tratam, em seus livros, de generosidade e paciência, como ingredientes de boas relações interpessoais.

Benjamin Zander é regente de grandes orquestras e, interessado em desarmar a competição num curso que ministrava em um conservatório, experimentou anunciar, no início das aulas, que todos os estudantes obteriam um grau "A", e estabeleceu um pré-requisito para que cada um conquistasse aquele grau máximo.

O pré-requisito era cada estudante enviar-lhe uma carta, no espaço de duas semanas após o início das aulas, na qual, colocando-se no futuro e imaginando olhar o período do curso como algo já passado, contasse a seu mestre por que tinha conseguido um "A".

Ele e sua esposa Rosamund Stone Zander, que é psicóloga, sugerem, no livro "A arte da possibilidade", como prática de vida, "dar um A" a cada pessoa, não numa avaliação a posteriori, mas na abertura de uma interação, como um princípio que, na experiência deles, revelou-se um fantástico gerador de boas atitudes de cada uma das partes.

Eles alertam, porém, que "dar um A" não deve ser confundido com aquele lema "veja apenas o melhor dos outros".

Não é a mesma coisa.

O sentido de "dar um A" é o de entregar ao outro, no início de uma interação, a chave que abre a porta do lugar onde se desenvolverão relacionamentos mais criativos e prazerosos.

"Dar um A" não é, portanto, ignorar um eventual lado ruim das pessoas; é propor relacionar-se com seu lado bom, é dar-lhes a oportunidade de nos oferecerem este lado e de, assim, interagir produtiva e criativamente.

O "A" quebra bloqueios e a pessoa sente-se à vontade para se relacionar com as situações, mesmo aquelas desconfortáveis que, na prática usual das avaliações *a posteriori*, ela tentaria evitar.

No fundo, é armar-se de generosidade e, consequentemente, de paciência para lidar com seu semelhante e com seus possíveis erros, reconhecendo-o como alguém igual a você, com forças e fraquezas, lados bons e ruins, dificuldades, virtudes e defeitos.

## Competição x "Dar um A"

*"Competição é o jeito de se tirar*
*o melhor das coisas e o pior das pessoas."*

(Zé Rodrix, compositor)

Ros e Ben Zander também falam de competição, um tema que é tratado por muitos autores que estudam os caminhos da felicidade.

Logo no início de seu livro, eles convidam o leitor a *"sair deste mundo de disputas e a navegar em um vasto universo de possibilidades"*.

No livro "A Força e o Poder das Equipes", Jon R. Katzenbach e Douglas K. Smith destacam a ênfase dada pelas organizações ao desempenho individual. Descrições de tarefas, esquemas de compensação (recompensa), planos de carreira e avaliações dão enfoque ao indivíduo, não às equipes, ao coletivo. Isto, obviamente, é um estímulo à competição, não à cooperação.

Aprendemos, desde muito cedo, que viver é competir. Internalizamos esta ideia, de maneira tão profunda, que passamos a viver em função desta norma e a ver competição em cada relacionamento, até nos afetivos; e é grande a chance de que o mesmo ocorra com nossos interlocutores.

O "A" tende a desarmar a competição latente e a criar um campo de novas possibilidades de interação e cooperação, a partir de sua expressão inicial de confiança.

O modelo usual, focado em competição, faz com que os interlocutores ou parceiros – no trabalho ou em outros campos da vida – “joguem na defesa” e evitem assumir riscos, sufocando, dentro de si, a possibilidade de que floresçam as forças positivas – fervor, jovialidade, sensibilidade, criatividade, alegria de viver, foco na contribuição etc.

Em “Não faça tempestade em copo d’água...”, Richard Carlson sugere que aprendamos a ter compaixão pelos outros, o que significa desenvolvermos empatia e, colocando-nos no lugar dos outros, *“tirarmos os olhos de nós mesmos e imaginarmos o que é viver as dificuldades alheias”*.

Eu costumo dizer a mesma coisa com outras palavras, propondo que deixemos que se desenvolvam, em nós, os sentimentos de generosidade e de amor ao próximo que nascem quando a pessoa se compreende um ser humano igual aos outros.

A pessoa que consegue amadurecer sua relação com a vida e desarmar-se da competição, substituindo-a pelo foco na contribuição, costuma experimentar uma sensação de paz, que vitórias em competições não lhe proporcionam.

Richard Carlson fala disto em seu livro, quando diz que *“algo mágico acontece ao espírito humano, uma sensação de calma nos invade, quando não mais precisamos de toda a atenção voltada para nós e aprendemos a deixar a glória para os outros”*.

Trata-se de se conseguir abrir mão de ser o protagonista e de se saber alternar este papel com o de alguém que participa e contribui, sem a necessidade de ser, sempre, o centro das atenções, o ator principal de cada cena da vida pessoal ou profissional.

Isto é sábio, além de muito produtivo e prazeroso porque, quando quebrado o modelo competitivo e substituído por um modelo de cooperação, as pessoas sentem-se livres para serem mais autênticas, generosas e criativas, vale dizer, para exercerem sua dignidade e nos oferecerem seu lado bom.

## *"Nós estamos certos"*

*"Grande Espírito ajuda-me a*
*jamais julgar o outro*
*até que eu tenha andado*
*em seus mocassins."*

(Prece indígena sioux)

O ser humano é gregário e tem a tendência de definir seu bando e delimitar fronteiras em relação aos bandos vizinhos.

No trabalho, é muito comum que esta característica se associe ao desenho humano "eu estou certo", para produzir um tipo de comportamento pouco produtivo, porque mais voltado para a competição do que para a cooperação.

Da combinação acima mencionada, surge a variante de desenho humano "nós estamos certos", que carrega consigo todos os problemas do "eu estou certo" e costuma expressar-se pelo hábito das pessoas de um setor criticarem as práticas de seus vizinhos, formando um espírito de corpo voltado para defender os seus acertos e para condenar os erros alheios.

Para que esse desenho coletivo não prejudique a integração de esforços entre pessoas de diferentes setores, líderes de equipes precisam investir na criação de um clima organizacional que valorize o respeito ao ser humano e que estimule que cada integrante de um setor aprenda a dar um "A" a seus colegas de outros departamentos.

Trata-se de fomentar a cooperação e o respeito, em vez de estimular a criação de ambientes internos fundados na competição.

Embora o trabalho de líderes seja importante para a criação de ambientes focados na contribuição, cada pessoa pode, por si mesma, fazer a sua parte, desarmando a competição no relacionamento com seus colegas de outros setores.

E não chega a ser difícil. Tente colocar-se no lugar dos outros, "andar em seus mocassins". Você vai ver como muda a sua percepção sobre "eles estarem errados e vocês, certos".

É claro que isto vai contra a cultura reinante na maioria das instituições, mas estou tratando de felicidade no trabalho, e ela não pode prosperar em ambientes em que prevaleçam as práticas coisificantes, em vez das dignificantes.

# 14

# *Relação com o trabalho*

*"Beleza só se tem quando se acende a lamparina
Iluminando a alma se entende a própria sina."*

(Fagner, na canção Beleza)

## *Trabalho com entusiasmo*

Na revista O GLOBO, de 23 de abril de 2006, Paulo Coelho começou uma série de crônicas, nas quais passou a relatar, com a perspectiva de vinte anos depois, sua primeira experiência no Caminho de Santiago de Compostela, vivida em 1986.

Paulo contou que, enquanto caminhava acompanhado por seu guia Petrus, era assaltado pela sensação de ter sido enganado, de que a busca espiritual não passava de uma coisa sem sentido ou lógica e, considerando que *"dá muito trabalho procurar um Deus que nunca se mostra"*, duvidava de sua própria sinceridade e se perguntava o que estava fazendo ali.

Imaginava que o esforço da caminhada fosse levá-lo a *"um lugar de destaque entre os poucos eleitos"* e ouvia de Petrus exatamente o contrário, que não existem eleitos e que todos aqueles que decidem cumprir seus destinos e fazem coisas que despertam o entusiasmo no coração encontram *"a porta do paraíso, o amor que transforma, a escolha que nos leva até Deus..."*

Neste sentido, a busca espiritual relatada por Paulo Coelho não é diferente do que se passa na sua vida pessoal e na sua relação com o trabalho.

Se você duvida e reluta em cumprir seu destino, estará sempre preso à pergunta: O que estou fazendo aqui?

Se trabalha com entusiasmo, a felicidade o espera.

Isto nos remete, outra vez, à questão "danação *versus* trabalho dignificante", levantada por Dimas Soares Gonçalves.

A abordagem da condenação ao trabalho enfatiza as perdas: perda de alguma liberdade (porque o trabalho contém obrigações), perda do tempo que é "roubado" ao lazer e ao descanso etc.

A abordagem do trabalho dignificante focaliza e dá ênfase ao ganho por ele proporcionado, que se relaciona, de forma muito direta, com o atendimento às necessidades listadas por Maslow.

Sob tal aspecto, vale observar que, enquanto o trabalho pode proporcionar ganhos materiais e emocionais, a falta de trabalho costuma resultar em perdas nestes dois campos, seja pela falta de condições de sobrevivência e segurança, seja pelo prejuízo causado ao atendimento das necessidades sociais e psíquicas.

Há pessoas que encontram prazer no trabalho, enquanto para outras, trabalhar parece ser, apenas, carregar um pesado fardo.

Para estas, há que se examinar o que as desmotiva. Afinal, diz o ditado que "quem corre por gosto não cansa". Se o trabalho é um fardo para alguém sadio, é porque alguma coisa não funciona, no campo motivacional.

## Trabalho com significado

A melhor resposta que conheço para a questão da relação entre o ser humano e o trabalho costuma reduzir a expressão das outras questões que cercam o assunto.

Falo de **trabalho com significado.**

No livro The Wisdom of Teams, de autoria de John R. Katzenbach e Douglas K. Smith, traduzido para o português como "A Força e o Poder das Equipes", por Pedro Catunda, os autores analisam o comportamento de equipes, como se formam e como chegam a altas *performances*, e afirmam: *"Nenhuma equipe surge sem que haja um desafio que tenha significado para todos os envolvidos."*

Mais adiante, falarei sobre outras importantes revelações do livro a respeito de equipes porque, no modelo de sociedade em que vivemos, a grande maioria das pessoas trabalha em alguma equipe e isto justifica que estudemos mais a fundo tal assunto.

Por ora, quero deter-me na questão do significado do trabalho para o indivíduo, visto na pesquisa dos autores como integrante de uma equipe.

Dizem eles que, atraídas por um desafio de *performance* que tem significado para elas, as pessoas tendem a se organizar como equipes, que podem evoluir para as de alto desempenho, objeto principal da pesquisa que desenvolveram.

Katzenbach e Smith distinguem equipe real de equipe potencial e de grupo de trabalho e destacam que uma equipe potencial não se transforma em real se não estiver confrontada com um grande desafio de *performance*.

Chama-me a atenção que, no momento em que uma equipe real se forma, as pessoas mudam seu comportamento, de forma positiva, movidas por algo que funciona como uma "força gravitacional", algo que dá significado e justifica o esforço exigido de cada uma, atraindo-as e unindo-as em prol dos objetivos.

Isto não quer dizer que as coisas sejam mais fáceis para as pessoas que encontram um significado em seus trabalhos, mas é curioso observar que, em tais circunstâncias, muitas das queixas que habitualmente ouvimos nos ambientes de trabalho são substituídas por entusiasmo e ação.

Tenho ouvido relatos muito ricos a respeito de experiências de equipes do setor público que, diante de enormes desafios e apesar do histórico de insucessos daquelas que as haviam precedido, foram à luta e, com grande energia, superaram inúmeras dificuldades e mudaram a realidade de seus setores. Ao fazê-lo, alcançaram níveis de satisfação pessoal e de gratificação que configuram um quadro muito diverso do encontrado na maioria dos ambientes organizacionais, seja no setor público, seja no privado.

Neste sentido, sinalizo que **trabalho com significado** parece ser a melhor resposta para as questões que dizem respeito à relação entre o ser humano e o trabalho.

Quando esta resposta é encontrada, o trabalho deixa de funcionar como simples obrigação e passa a cumprir outro papel, o de um dos ingredientes da felicidade pessoal.

De outro ângulo, podemos entender o "trabalho com significado" como um forte fator motivacional, na linguagem de Herzberg, que criou um modelo de análise do comportamento humano no qual se distinguem os fatores ambientais ou higiênicos – salário, condições físicas do ambiente, segurança – e os motivacionais, que correspondem às necessidades sociais e psicológicas da pirâmide de Maslow – reconhecimento, *status*, autorrealização, autodesenvolvimento.

Afinal, não é difícil perceber-se que o "trabalho com significado" satisfaz de forma muito positiva os níveis mais elevados da hierarquia de necessidades de Maslow.

## *Construindo a nova capital do Brasil*

Conta-se que, na época da construção de Brasília, o presidente Juscelino Kubitscheck costumava visitar os canteiros de obra e gostava de fazer isto bem cedo, quando tinha a oportunidade de, sem grandes comitivas, conversar com os operários engajados naquela gigantesca empreitada.

Ele se aproximava e perguntava o que cada um estava fazendo e os operários lhe explicavam a tarefa que lhes cabia.

Dizem que, numa dessas visitas, ele se sentiu muito gratificado quando, ao fazer a pergunta habitual, ouviu de um orgulhoso operário:

– Eu estou construindo a nova capital do Brasil, doutor.

Aquele homem simples entendia a real dimensão de seu papel e comungava com JK, quanto à compreensão do significado do trabalho que ambos estavam realizando.

# 15

# Trabalho em equipe e relação com as organizações

*"O que une os homens é a produção de riquezas morais e materiais, seja na família, seja na organização."*

(Norberto Odebrecht)

## *Ética de performance*

No capítulo anterior, falei do estudo de Katzenbach e Smith sobre equipes e mencionei a revelação que fizeram sobre a força positiva que surge quando cada integrante de uma equipe consegue enxergar um significado para os desafios propostos.

Em outro trecho do livro, eles analisam a resistência a equipes e identificam como um dos fatores primários que estão na base dessa resistência a "**fraca ética de *performance***" presente em muitas organizações, percepção que considero um verdadeiro achado em termos de compreensão do comportamento das pessoas em uma instituição.

Quando falei disto, num debate sobre desenvolvimento gerencial, Luís Carlos Cassano, psicólogo que conduzia os trabalhos, entendeu, na hora:

– *Ética de* performance *como um valor, não é?*

A ficha não caiu logo, mas depois me dei conta de que é isto mesmo. São muitas – talvez a maioria – as instituições em que há uma forte defesa da "ética do conforto" e os "valores" mais prezados são segurança, menos pressão, feriados e descansos, jornadas de trabalho menores etc.

Nada contra desejarmos estas coisas; mas, em lugares assim, a "ética de *performance*" tem pouco espaço para florescer, e minhas observações pessoais confirmam as percepções de Katzenbach e Smith de que a ética de *performance* conduz a resultados mais gratificantes.

Pessoas orientadas pela ética de *performance* não têm dúvida quanto ao fato de que seu papel, na instituição a que servem, não se resume a cumprir um horário e realizar tarefas que lhes mandam fazer. Elas têm dentro de si – como um valor, na percepção de Luís Cassano – que estão lá para gerar resultados para clientes, donos e empregados da organização, bem como para elas mesmas e para a sociedade em que vivem. A relação que as liga à organização transcende o vínculo convencional entre patrão e empregado.

As experiências que conheço de equipes e setores em que prevalece a ética de *performance* mostram sempre resultados diferenciados e, pelo que tenho observado, pessoas felizes com seu trabalho costumam estar ligadas de algum modo a esta fórmula: desafios – significado – *performance*.

Não é meu propósito desenvolver, neste livro, o assunto liderança. É indispensável, porém, registrar que o líder tem papel preponderante na formação de equipes orientadas pela ética de *performance*, seja pela criação de clima adequado para o prevalecimento deste espírito no grupo, seja pela sustentação da equipe em momentos difíceis, principalmente na fase de sua formação, quando ela ainda não desenvolveu maturidade e autoconfiança suficientes para atravessar os reveses com que toda equipe se depara.

Afinal, demanda de *performance* não existe apenas para os grupos que acabam por se tornar equipes reais e equipes de alto desempenho. Essa demanda existe para a grande maioria dos setores de uma instituição, mas, apesar disso, em muitos não se desenvolve a ética de *performance*, nem os desafios adquirem o significado que energiza as pessoas e as leva a se superarem para chegar a resultados diferenciados.

Por que, então, alguns grupos desenvolvem e sustentam uma ética de *performance*, enquanto outros fazem prevalecer a ética do conforto e as queixas?

Uma das respostas a esta pergunta é encontrada nos diferentes comportamentos de seus líderes, muito embora tal resposta não esgote a questão, porque ainda que o papel do líder seja fundamental no desenvolvimento e sustentação da ética de *performance*, ela só se consolida e passa a funcionar como fator energizante quando é assumida como uma regra moral por todos os integrantes da equipe.

## Ética de performance X Ética do conforto

"Quem corre por gosto não cansa."

(Dito popular)

É comum que equipes movidas por desafios de *performance* significativos vivam experiências em que se submetem a elevados níveis de exigência e, principalmente nas fases iniciais de seus projetos, a grandes sacrifícios pessoais, com jornadas estendidas, trabalhos aos sábados e domingos e grandes pressões para o alcance de determinados marcos de desempenho, vitais para o sucesso dos empreendimentos em que estão engajadas.

Eu falei disto quando, no capítulo "Desejo de Mudança", mencionei a necessidade de "ralar" para mudar.

É curioso que, apesar de viverem uma experiência oposta àquelas que se buscam quando prevalece a ética do conforto, as pessoas que integram ambientes nos quais vigora a ética de *performance* se mostrem felizes e queiram continuar fazendo parte de tais equipes e projetos. Nestes grupos, a queixa não costuma prosperar. E estou falando de queixas em geral: contra a instituição, contra o chefe, contra colegas, contra as condições de trabalho e, até, por extensão, contra as dificuldades da vida particular de cada um, porque, em tais ambientes, as queixas tendem a dar lugar às ações transformadoras.

Sob outra ótica, a dos fatores de motivação de Herzberg, é interessante notar que, num ambiente dominado pelas queixas, elas costumam dar muito foco aos fatores ambientais ou higiênicos, mas se originam, quase sempre, da ausência do fator motivacional essencial: a demanda de *performance* com significado.

Enquanto isto, nos grupos em que prevalece a ética de performance, as pessoas são energizadas pelo desejo de realizar algo que lhes será gratificante. Talvez isto se deva a alguma conexão entre a demanda de *performance* significativa e sua força gravitacional; e a possibilidade que isto gera de um expressivo atendimento às necessidades sociais e psicológicas da pirâmide de Maslow (sentir-se parte de um grupo, sentir-se valorizado, realizar seus potenciais, desenvolver-se nos campos pessoal e profissional, sentir-se feliz consigo mesmo, com o que conquistou e com o que realiza).

Nesses grupos, a rotatividade de seus integrantes é muito baixa e há registro de trabalhos voluntários de pessoas que, tendo cumprido seus ciclos nos projetos, demonstram vontade de se manterem ligadas a eles, mesmo conhecendo o ritmo pesado de trabalho e, no caso do voluntariado, até a ausência de remuneração.

Alguns aspectos interessantes do confronto *Performance* X Conforto:

- *Performance* não é, necessariamente, conflitante com "qualidade de vida", medida pelos parâmetros de conforto. Na verdade, à luz dos conceitos aqui expostos, *performance* também é um parâmetro de qualidade de vida, porque as pessoas ficam felizes quando engajadas em programas que contêm desafios dotados de significado.
- Em ambientes onde prevalece a ética do conforto, há, curiosamente, muita queixa. Naqueles em

que prevalece a ética de *performance*, "os olhos brilham".

- Enquanto nos grupos em que predomina a queixa, a busca de eficiência tem uma conotação opressora, naqueles em que prevalece a ética de *performance*, essa busca faz as pessoas mudarem de canal, desligando o da queixa e sintonizando o da felicidade.
- Gente que acredita nas pessoas ajuda na formação de equipes reais e de equipes de alto desempenho, onde a ética de *performance* pode vigorar. Gente que desconfia até prova em contrário atrapalha a formação de equipes reais, sustentadas pela ética de *performance*.
- Equipes orientadas pela ética de *performance* lidam melhor com seus erros e são mais capazes de assumir a responsabilidade por seus insucessos, sem recair na queixa ou na busca de culpados.

Cabem, aqui, alguns alertas:

- É claro que, usado por patrões inescrupulosos e que buscam relações utilitaristas com seus empregados, o conceito de ética de *performance* pode ser instrumento de manipulação. Esta não é, obviamente, a proposta deste livro. Meu propósito é que a ética de *performance* seja usada como um elemento da construção de relações dignificantes.
- Para que esteja a serviço da felicidade no trabalho, a ética de *performance* deve estar sintonizada com a melhoria contínua, não com a competi-

ção desenfreada. Deve estar ligada ao prazer de realizar, não à avidez por superar competidores. E é isto que ocorre nas equipes de alto desempenho.

- Quando levada a exageros, a ética de *performance* pode comprometer a qualidade de vida. As pessoas se gratificam pelos desafios e pelos resultados alcançados, mas *"precisam de um descanso, precisam de um remanso"*, como nos ensinou Gonzaguinha. Movidas pela energia de seu engajamento nos projetos, elas suportam, por algum tempo, as demandas de dedicação comandadas pela ética de *performance*; mas, a longo prazo, tendem a aspirar uma vida mais equilibrada, em que haja *performance* e conforto. E isto é viável de se conseguir, à medida que as equipes evoluem e atingem patamares de desempenho mais elevado.

A propósito, é interessante registrar aqui, os quatro estágios da Curva da Transformação, que também me foram ensinados por Silvana de Aguiar: Criação, Implementação, *Momentum* e Estabilização. O grande esforço inicial exigido pelos projetos se dá nos estágios Criação e Implementação, principalmente neste. No *Momentum*, muda a relação entre esforço e resultados, porque estes passam a ser crescentes, para um mesmo nível de esforço. Na Estabilização, os projetos andam sozinhos, mas pode haver tendência à acomodação, o que recomenda que se procure entrar em um novo ciclo de criação.

É bom que conheçamos esses estágios para, ao nos engajarmos em um projeto, sermos capazes de compreender a relação esforço-resultados com que vamos lidar a cada momento.

## Demanda de *performance* diferenciada na gênese das equipes reais

O trabalho de Jon Katzenbach e Douglas Smith focaliza, predominantemente, equipes reais e equipes de alto desempenho, e é um verdadeiro tratado sobre equipes, sua gênese, os obstáculos à sua formação, suas estratégias e resultados.

Não há como resumi-lo em poucas palavras, razão pela qual registro aqui, apenas alguns dos muitos aspectos relevantes por eles observados, ao longo da extensa e profunda pesquisa que desenvolveram.

Como já disse, eles distinguem equipe real de grupo de trabalho e de equipe potencial. Afirmam que um grupo que usa "métodos de trabalho de equipe" não é, necessariamente, uma equipe real.

Segundo eles, para que uma equipe real aconteça de fato, é indispensável a presença de uma exigente demanda de *performance.*

É a necessidade de um desempenho diferenciado que, ao adquirir significado para um grupo de pessoas, leva-as a se organizarem como uma equipe real.

Katzenbach e Smith asseveram que tentativas formais de organização de equipes não geram equipes reais se não houver um desafio de *performance* dotado de significado para os participantes do projeto.

Alguém pode pensar que, sendo assim, bastará estabelecer exigentes demandas de desempenho para que automaticamente, os grupos responsáveis pelos projetos evoluam para se tornar equipes reais, mas a coisa não é tão simples. E, segundo a pesquisa dos autores, tais formações são bem mais raras do que se imagina.

Ainda que a organização de grupos como equipes potenciais – aquelas que poderão vir a ser equipes reais – possa resultar de iniciativas do comando da instituição ou de algum líder, há algo de espontâneo, não comandável racionalmente, que faz com que, em alguns casos, as equipes evoluam para equipes reais e, em outros, não.

Segundo entendo, o que diferencia as duas situações é a presença, no primeiro caso, do significado da *performance* para os integrantes do grupo. É ele que, atuando como uma força gravitacional que atrai as pessoas e as faz girar em torno de uma órbita comum, dá alma ao desafio de *performance* e leva-as a se unirem como equipe real.

Em muitos relatos do livro "A força e o poder das equipes" e em alguns outros a que tive acesso em seminários sobre gestão e mudanças organizacionais, é comum encontrar, na gênese de equipes reais, um momento de catarse do grupo, no qual, inconformadas com o resultado do trabalho que realizam, as pessoas se unem, de maneira espontânea e pouco formal, e, trocando a queixa pela ação transformadora, tomam a decisão de mudar seus destinos.

A equipe real nasce, portanto, com muita frequência, no momento em que cada integrante de um grupo encontra um significado especial naquela vontade, antes incipiente, de romper com rotinas frustrantes, de transformar a realidade e de vencer perspectivas ruins.

## *O interior das equipes reais – Resultados a que elas chegam*

Katzenbach e Smith estudaram, e citam em seu livro, diversos exemplos de equipes reais que alcançaram desempenho elevado e identificaram certos elementos e características que estão sempre presentes em grupos que conseguem evoluir para este estágio:

- Equipes reais são comandadas por uma ética de *performance* e, energizadas pelos desafios significativos em que estão engajadas, desenvolvem responsabilidade mútua, compromisso e confiança.
- Nelas, há espaço para que floresçam e se valorizem as contribuições individuais, mas a cooperação prevalece sobre qualquer tendência a competição e individualismo. Na verdade, cada integrante tem oportunidade de, para satisfazer sua hierarquia de necessidades, distinguir-se como indivíduo, ao mesmo tempo em que colabora para a *performance* coletiva.
- Equipes reais desenvolvem e consolidam o aprendizado necessário à realização da *performance* desejada.
- Desenvolvem, também, seus próprios recursos de energização e de apoio mútuo, bem como meios de comunicação e "métodos internos" que facilitem o alcance dos propósitos que as movem.
- Nelas, há menos formalismo. A hierarquia e a liderança são mais flexíveis e todos se subordi-

nam ao que eu chamo de "hierarquia do projeto", aquilo que faz com que cada um esteja disposto a abrir mão de posições e pontos de vista pessoais em favor do resultado coletivo.

- Em equipes reais, há muito trabalho, muita conversa ao longo de cada dia (vive-se o projeto), há exigência de honestidade e objetividade, de uns para os outros, há muita discordância em busca da melhor solução, há respeito e completa abertura entre seus integrantes.
- Equipes reais são divertidas. As pessoas que as integram gostam de estar juntas, de trabalhar juntas, divertem-se com isto. Nelas, desenvolvem amizade e companheirismo.
- Porque propiciam ampla cooperação e integração sem sufocarem as individualidades, equipes reais produzem, além dos resultados objetivos que buscam, crescimento de seus integrantes, tanto no campo profissional quanto sob o ponto de vista humano (crescimento pessoal).
- Numa equipe real, o significado do trabalho e do esforço realizado internaliza-se de tal forma que a *performance* da equipe se transforma em sua própria recompensa.

## A força gravitacional

Os ingredientes comportamentais que uma equipe real desenvolve – responsabilidade mútua, compromisso, confiança – nascem como resposta à força gravitacional da demanda de *performance* significativa.

A ideia é análoga à de um astro capaz de capturar, para seu campo gravitacional, outros astros que estão circulando.

O astro maior é a demanda de *performance*. Os menores são os integrantes da equipe potencial.

Capturados de forma significativa – vale dizer, na emoção –, eles tenderão a adotar os comportamentos adequados, despindo-se gradativamente de egoísmos e individualismos, em favor do coletivo.

Equipes de alto desempenho não são frequentes, porque é difícil e, por isto, raro, que a demanda de *performance* adquira significado capaz de tocar o coração das pessoas.

Demanda de *performance* sempre existe. O que faz a diferença e faz com que uma equipe se movimente no sentido de transformar-se em uma equipe real e, até mesmo, numa equipe de alto desempenho, é o grupo assumir a demanda, ser tocado por ela. Acreditar que vai ser bom fazer aquilo, passar a querer fazer.

Como disse antes, é muito comum haver, não só no surgimento de uma equipe real, mas em mudanças na vida pessoal – desfazer um casamento, abandonar um curso, deixar um emprego –, momentos de catarse, nos quais as pessoas falam de suas queixas, de seu inconformismo, e aí, passando da queixa para a ação transformadora, definem o propósito que irá movê-las.

É impressionante como se repete, nos relatos a que tive acesso, tanto os do livro "A força e o poder das equipes" quanto em outros, que ouvi em palestras e seminários sobre o tema, a descoberta, pelas pessoas envolvidas, de capacidades e forças que elas mesmas não imaginavam ter, e é o despertar destes dotes insuspeitados que as leva a conseguir resultados nunca antes sonhados.

## As equipes das obras do Galeão e do Metrô do Rio de Janeiro

*"Nunca admita que o bem possa ser praticado sem dificuldade."*

(André Luiz)

No final de 1974, a empresa em que eu trabalhava estava terminando a obra de terraplenagem e drenagem da área onde seriam construídas as novas pistas do Aeroporto Internacional do Rio de Janeiro, atual Aeroporto Antonio Carlos Jobim.

Com vinte e oito anos, eu integrava uma equipe liderada por Getulio Giacoia, que era formada por engenheiros talentosos, mas bastante jovens. Para eles, eu era quase um veterano.

À medida que íamos vencendo as etapas que nos aproximavam do término da obra, iniciou-se uma romaria daqueles jovens à minha sala, na qual vinham expressar seu temor de que, finda a obra, seríamos demitidos.

– "Tamo no trecho", era a frase que eu mais ouvia (no jargão das obras de engenharia pesada, estar no trecho significava ser mandado embora).

Antes de trabalhar na obra do Galeão, eu trabalhara numa empresa que havia falido, e sabia que a crise temida por eles era inexpressiva, quando comparada com o enfrentamento de uma falência.

Isto não significava que eu não me preocupasse com o risco de demissão, mas eu sabia haver coisas muito piores e que, ainda assim, por mais dramáticas que fossem, não eram o fim do mundo.

Percebendo que o abatimento daqueles jovens ia levar-nos a fazer muito menos do que podíamos e consciente de que ainda havia muito por fazer – o fim de uma grande obra não é instantâneo, leva meses e costuma dar prejuízo –, conversei com Getulio, relatei o que estava se passando e lhe falei de minha preocupação quanto ao risco de sofrermos os efeitos ruins que, provavelmente, adviriam daquele estado de espírito de nosso grupo.

Getulio entendeu a situação, assumiu o comando da "crise" e começou a desenvolver um trabalho que mudou aquela realidade.

Não sei explicar muito bem o que aconteceu conosco, mas sei que nossa equipe começou a unir-se em torno de metas desafiadoras e passou a "jogar com alma".

A ideia que me ocorre é que Getulio conseguiu identificar e criar com o grupo, metas que adquiriram significado para todos. Elas existiam, mas não estavam claras para nós, talvez porque, acostumados com as grandes produções da fase anterior da obra, não conseguíamos perceber o grande desafio contido em terminarmos bem a etapa de acabamentos que todo contrato de construção tem.

Passamos a viver, então, um período dos mais intensos, no qual, com muita energia e integração, num esforço compartilhado com a equipe de engenheiros do cliente, também jovens, desenvolvemos soluções criativas para a execução dos acabamentos, de tal forma que, em meados de 1975, quando finalmente concluímos aquela etapa, sem o prejuízo esperado, havíamos realizado um grande trabalho, tão bom que toda a equipe foi mantida para o desenvolvimento dos estudos de nova fase da obra.

Nosso trabalho nos proporcionou construir não só uma bela obra de engenharia, mas uma amizade que perdurou, porque, nas palavras de Norberto Odebrecht citadas no início deste capítulo, aquela construção de riquezas morais e materiais nos uniu.

Mais ainda, estou seguro de que o aprendizado daquele período, o desenvolvimento de "musculatura" ocorrido ali, contribuiu para fazer daqueles profissionais um grupo vencedor: cinco deles ocuparam, mais tarde, cargos de direção na empresa.

Pouco tempo depois, também sob a liderança de Getulio Giacoia, fiz parte de outra equipe, que executou a obra de um trecho da Linha 1 do metrô do Rio de Janeiro.

Neste caso, quando me incorporei ao grupo, não havia dúvida quanto ao nível extraordinariamente desafiador das metas de desempenho.

Tratava-se de uma obra dificílima, também executada por um grupo de engenheiros predominantemente jovens que conseguiu unir-se como equipe real e realizar um trabalho marcante.

Mais até do que no Galeão, o começo do trabalho foi dificílimo e durante período considerável parecia que não conseguiríamos superar tantos desafios, tantas dificuldades. Como, porém, os ingredientes que criam e sustentam uma equipe real estavam presentes naquele grupo, conseguimos alcançar e superar os resultados esperados e nos destacamos como uma equipe vencedora.

Acredito que minha capacidade de compreender e de "sentir" o que dizem Katzenbach e Smith advém do fato de eu ter tido o privilégio de participar de algumas equipes reais, na medida que o relato que eles fazem sobre as pesquisas que desenvolveram dá uma base conceitual às gratificantes experiências que vivi naquelas ocasiões.

## *O tapa na mesa*

Algumas das características de equipes reais, citadas anteriormente, me lembram a condução que Getulio Giacoia dava às reuniões da obra do Galeão, quando engajados em acalorados debates para encontrarmos soluções para nossos problemas, a tensão aumentava demais. Para nos lembrar do respeito que devia haver entre nós e de que discordância não era sinônimo de antagonismo pessoal, ele sempre intervinha dizendo, no seu linguajar desprovido de formalidades:

– Ninguém aqui é filho da puta.

Era o mote para encontrarmos o caminho da serenidade e da construção de soluções compartilhadas.

Numa dessas reuniões, num debate protagonizado por mim e pelo Getulio, meu chefe, a coisa esquentou.

Entusiasmado na defesa de meu ponto de vista, quis dar ênfase a uma afirmação e, em certo momento, eu disse a ele, enquanto dava, na mesa, um leve tapa:

– Mas você falou...

Quem disse que o tapa foi leve?

Errei o cálculo e saiu um tapa muito forte, daqueles bem estalados.

Houve um breve silêncio, antes que ele retomasse a discussão, passando ao largo daquele aparente desrespeito.

Não era desrespeito, e ele, sabiamente, soube perceber isto e demonstrar ao grupo que assim entendera. Eu estava empolgado com minha tese, quis ser enfático e passei do ponto, mas não tinha intenção de desacatá-lo.

Ele sabia disto e, em vez de ter uma "crise de chefia", conduziu a conversa sem perder o foco no nosso objetivo comum.

No final da reunião, encontradas as soluções que buscávamos, ele fez, sem criar qualquer tipo de constrangimento para mim, um breve comentário educativo sobre o episódio, lembrando-nos da liberdade que tínhamos para defender nossos pontos de vista e tocou a vida em frente.

E eu aprendi – e nunca mais esqueci – que não há desrespeito nem hierarquia num debate honesto por melhores ideias, mesmo quando alguém se deixa levar pelo entusiasmo e passa do ponto, como eu passei naquele dia.

## Espírito de Equipe X Individualismo

*"Competir no lazer, no trabalho,*
*na vida a dois, é ótimo...*
*para quem quer ficar esgotado*
*e perder o melhor."*

(Guerdjef, pensador russo)

## *O que é espírito de equipe?*

Digamos que seja algo abstrato, mas extremamente poderoso, uma espécie de comando interno que faz com que, uma vez integrante de uma equipe e confrontada com as dificuldades inerentes a qualquer desafio, a pessoa aja mais como uma célula integrada ao grupo do que como indivíduo.

Equivale a privilegiar o interesse comum, em detrimento do individual.

Pois bem. Isto nos coloca diante de um contraponto muito claro: Individualismo mata o espírito de equipe, ou não deixa que ele floresça.

Florescer é bem apropriado para o caso, porque nos remete à ideia da plantinha tênue, frágil, que precisa de cuidados para florescer. Deixada exposta ao ataque das ervas daninhas, poderá frustrar o projeto de beleza que carrega dentro de si.

Assim são os "projetos de equipes", as equipes potenciais. Expostas ao individualismo, não florescerão, não se transformarão em equipes reais.

E a verdade é que, dominadas pela ideia de que competir é preciso, atuam nas instituições modernas, pessoas impregnadas de individualismo e, como consequência, de imediatismo, dedicadas à prevalência de seus interesses pessoais. Quem consegue ter a oportunidade de envelhecer, como eu tenho conseguido, certifica-se de que tudo isto é uma grande bobagem, porque este caminho não nos leva à paz e à felicidade.

Em minhas observações sobre o assunto, chama-me a atenção o fato de que, em ambientes nos quais prevalece o individualismo, há cordialidade e simpatia entre as pessoas, mas não há muitas amizades verdadeiras.

Um bom modo de medir isto é quando você sai de lá. Quem são os amigos verdadeiros, aqueles a quem você vai procurar e por quem será procurado?

Com raras exceções, os amigos verdadeiros são aqueles que trabalharam com você, numa equipe real ou numa equipe de alto desempenho.

Por quê?

Porque, nessas equipes, a competitividade e o individualismo dão lugar a valores mais altos e mais nobres.

São valores, na verdade, mais desejados pelas pessoas.

Pessoas normais gostam de sentir que trabalham com amigos e preferem isto a viver num ambiente em que prevalece a Lei de Murici, aquela cantada num samba que diz: *"Cada um que trate de si"*.

A felicidade no trabalho também tem que ver com isto.

Como já foi dito e vale a pena reforçar, a ideia de combate ao individualismo não pode ser entendida como anulação da individualidade, mas como administração equilibrada, inteligente, sensível, dos dois vetores: individualidade e interesse coletivo.

Há uma grandeza humana nessa capacidade de equilibrarem-se os dois vetores, porque esse equilíbrio tem como pré-requisito um crescimento pessoal, um amadurecimento que permite que a pessoa se valorize mais e aumente sua autoestima, quanto mais é capaz de contribuir com o grupo e de respeitar os outros.

É muito comum discutir-se nos seminários e reuniões sobre gestão de projetos e de pessoas, o conflito entre interesses pessoais e interesses da instituição.

A tendência, de um modo geral, é falar-se em conciliação desses interesses, mas minha observação é de que equipes comuns "resolvem" este conflito potencial sacrificando um ou outro bloco de interesses: o pessoal ou o institucional.

Enquanto isso, equipes de alta *performance* evoluem para resolvê-lo por meio de uma fusão entre os dois blocos de interesses, na medida em que o interesse de atingir alta *performance* passa a ser um interesse pessoal de cada participante.

A força gravitacional da *performance* significativa semeia uma espécie de "paixão" que faz com que as pessoas busquem o prazer de realizar e o incluam entre suas aspirações pessoais.

Neste momento, alguns dos interesses pessoais convencionais, como conforto, segurança, jornada de trabalho reduzida e ambiente físico adequado, desaparecem ou deixam de ser prioritários.

Com o passar do tempo, equipes que alcançam alto desempenho passam a manter patamares elevados de *performance* – o *Momentum* e a Estabilização da Curva de Transformação – e já conseguem fazê-lo com menores sacrifícios pessoais, porque desenvolveram métodos para isto e "criaram musculatura", que lhes confere a capacidade de conseguir bons resultados dentro de um regime normal de trabalho.

## *Perguntas céticas*

Um dos grandes entraves do salto da queixa para a ação transformadora ou do engajamento em equipes reais são as perguntas céticas: Vai valer a pena? Não será mais uma decepção?

Talvez seja, mas ficando-se onde se está, não há risco, há certeza: vai continuar ruim. Portanto, a resposta sempre terá que ser assumir o risco de se decepcionar, mas dar o passo.

Negar-se a dar o passo é uma variante do medo de amar, algo como dançar com a mão no peito do parceiro: ou a pessoa se entrega, correndo riscos, ou a dança não rola; fica sendo, apenas, um arremedo de dança.

E dá certo? E se os outros não entrarem na dança?

Faça a sua parte. Costuma ser contagioso porque, no fundo, quase todo mundo quer fazer, mas poucos têm coragem de começar e de dar o exemplo. Lembre-se do Dunga, capitão do tetra. Ele não esperava que a paixão dos outros se manifestasse. Botava a dele em campo. Tal qual na música do Ivan Lins e Vitor Martins, às vezes ganhava, às vezes perdia, mas vivia intensamente, aprendendo a jogar.

Em ambientes onde prevalece a ética do conforto, a “entrega”, tipo Dunga, pode ser alvo de censura ou, até mesmo, de autocensura. A pessoa pode até querer morder a isca da paixão, mas se constrange de fazê-lo, porque haverá quem a critique ou quem descarregue seu ceticismo, com mil argumentos para inibi-la. Se você prestar atenção ao conteúdo desses argumentos, verá que eles carregam muita queixa e, por isto, são tão antagônicos aos desejos de transformação.

## *Parceria*

Há muitos anos, li um texto que considero irretocável – "Parceria Adulta", de Marco Aurélio Vianna – o melhor que já encontrei sobre parceria entre um empregador e seu empregado.

No texto, o patrão propunha-se a ajudar o desenvolvimento profissional e humano do empregado, ao mesmo tempo que pedia que este desenvolvesse a empresa, numa busca comum de resultados.

Ele se declarava disposto a lutar para que continuassem juntos ao longo do tempo, mas confessava sua incapacidade de garantir que isto, de fato, viesse a ocorrer, porque não tinha domínio sobre todas as forças que regem o mercado. E o texto assim prosseguia, numa proposta de mútua colaboração e de mútua compreensão, dentro dos limites a que cada um estaria sujeito, no futuro.

Um patrão que se propõe a fazer mais do que sugere o excelente texto de Marco Aurélio Vianna tem pretensões à onipotência.

Por outro lado, querer fazer menos não é honesto, para quem deseja uma parceria genuína.

E o empregado? Que papel tem na parceria?

Entendo que a síntese de seu papel é entender que patrão e empregado estão no mesmo barco. Se o barco vai bem, ambos chegam a bom porto. Se afunda...

É comum empregados imaginarem que os patrões podem fazer muito mais por eles. Às vezes, podem mesmo, mas é possível que não tenham tal capacidade e que enfrentem grandes limitações, quase sempre em função das forças do mercado, da realidade de seus empreendimentos e de seus próprios limites pessoais.

Compreender isto é meio caminho andado para a construção da parceria adulta de que fala Marco Aurélio Vianna.

Estar no mesmo barco, esta é a chave, ainda que isto seja temporário.

Você pode e deve procurar outras opções, se não está satisfeito com a sua empresa; mas, enquanto estiver no barco, o melhor a fazer é remar.

O sucesso e o insucesso de uma empresa não são função, apenas, do comportamento de seus empregados, mas é certo que o descompromisso dos funcionários sempre contribui para que o barco afunde e, quando isto acontece, a tendência é que todos percam.

Mesmo uma legislação trabalhista fortemente voltada para proteger quem é demitido, como é a brasileira, não é capaz de assegurar-lhe proteção contra o desemprego ou contra o subemprego, e isto é mais verdadeiro quanto mais cresce a competição.

Numa relação ideal, o conflito de interesses entre patrões e empregados deveria ser substituído pela convergência.

Esta substituição é, quase sempre, dificultada pelo comportamento de ambas as partes.

De um lado, patrões que não dão a seus empregados o devido valor, tratando-os como descartáveis, ou buscando tirar o máximo deles, sem disposição de lhes dar uma justa contrapartida.

De outro, empregados que demonizam seus patrões e se comportam como sanguessugas, tentando extrair o máximo proveito da empresa, dando-lhe apenas o mínimo que lhes é cobrado.

Há quem duvide de que, “na vida real”, seja viável construir uma relação ganha-ganha, tão defendida pelos consultores empresariais, nos seminários de desenvolvimento que as empresas patrocinam; mas há muitas situações em que ela faz todo o sentido, e uma delas é no jogo de interesses entre empregados e patrões.

Em geral, a tese do ganha-ganha é apresentada como fórmula para a conquista de clientes, mas na relação trabalhista ela também é muito aplicável.

Ainda que existam zonas de conflitos menos contornáveis, há muito espaço em que se pode exercitar a convergência, e é neles que as partes devem permanecer a maior parte do tempo.

Mais ainda, se assim acontecer, haverá uma forte tendência a que os espaços de convergência cresçam, ocupando áreas antes ocupadas pelos conflitos.

Isto vale para qualquer situação na vida e não é diferente nas relações de trabalho.

Você dirá que é difícil e sou obrigado a concordar, porque implica em ter-se a disposição de considerar os interesses da outra parte e de ceder, que não são tão fáceis de se encontrar. Mas eu afirmo que muito mais difícil é viver uma relação tempestuosa, seja em que campo for.

Volto a dizer que a postura de busca da convergência não precisa nem deve ser ingênua, mas também é certo que, na história dos insucessos empresariais, é muito raro encontrarmos anjos, em qualquer dos lados.

Em geral, nas histórias em que o barco afundou, patrões e empregados tiveram, em algum momento, um comportamento inadequado que contribuiu para que o barco fosse a pique.

Quem começou?

É claro que, depois que o barco naufragou, tem pouco valor saber se quem nasceu primeiro foi o ovo ou a galinha.

# 16

# Reflexões e comentários finais

## *Quase tudo é questão de dose*

Quase sempre, o ponto certo das mudanças que buscamos não é o extremo oposto àquele em que estamos.

Com frequência, o esforço para mudar exige um enrijecimento que pode levar a passar do ponto aonde se pretende chegar.

Lembro-me bem dos primórdios do movimento feminista.

A causa era justa, mas quem está em posição de vantagem – no caso, eram os homens – não costuma ceder facilmente.

Para avançar sobre o território social ocupado pelos homens, as mulheres engajadas no movimento precisaram endurecer, e o impulso gerado por tal esforço conduziu a um antagonismo que não contribuía para a chegada ao ponto realmente bom, aquele em que, na relação entre homens e mulheres, não houvesse opressores e oprimidos.

Era um nítido exagero, que decorria da dificuldade que o movimento enfrentava de encontrar a dose exata entre luta e cooperação.

Há décadas, Pepeu Gomes e Baby do Brasil lançaram, num festival da canção, uma música cuja letra dizia:

*"Você pode fumar baseado*
*Baseado em que você pode fazer quase tudo..."*

Mestre Artur da Távola, então colunista do jornal *O GLOBO*, criticou aquilo que lhe pareceu, como a quase todo mundo, uma apologia ao uso de drogas, ainda que apresentada com humor e duplo sentido.

Dias depois, publicou nova coluna, na qual contou ter recebido duas cartas, duas visões distintas, mas igualmente instigantes.

A primeira era de uma pessoa já idosa, que apoiava a crítica do colunista.

A outra, escrita por um jovem, então com dezoito anos, José Ricardo de Carvalho Ayres, o Rico, hoje um médico, a quem tenho o prazer de ter como compadre, pois é padrinho de minha filha.

Rico propunha que a mensagem da canção fosse entendida como um convite à moderação, válida, afinal de contas, para quase tudo na vida.

Chamava a atenção para os versos seguintes da canção:

*Contanto que você possua,*
*Mas não seja possuído.*

Esta é, afinal, a ideia que pretendo transmitir, ao dizer que quase tudo é questão de dose.

Quase tudo, porque há coisas em que nenhuma dose é recomendável e as drogas que causam dependência estão neste grupo.

Para o resto, vale o raciocínio.

Se a dose for adequada, trará prazer e você estará no comando de sua vida. Se, ao contrário, a dose for excessiva, você será possuído por ela e perderá seu próprio comando.

## Veja tudo, desconsidere muito, corrija um pouco (João XXIII)

Quando João XXIII criou a frase acima, já era papa e, sendo um veterano observador da vida, sabia das coisas.

É uma das melhores frases que conheço sobre o tema "relação com a vida".

A gente fica querendo enquadrar a vida em nossos parâmetros, referências e expectativas, mas as coisas não funcionam desta forma.

A pessoa que desenvolve este tipo de comportamento pode sofrer, porque nem sempre a vida concorda com nossos planos. Mais ainda, sofre com antecedência, porque já entra nas situações cheia de ansiedade.

De certa forma, é como se a pessoa tentasse enquadrar a vida em uma teoria de ação de Modelo I, aquela em que a pessoa define as regras do jogo, não as compartilha.

Getulio Giacoia costumava alertar-nos para que não tentássemos engaiolar o futuro, o que tem que ver com a necessidade aqui comentada de alguém que busca ter controle sobre tudo e, para isto, tenta conduzir até suas interações com outros de forma que eles reajam de acordo com o que ele deseja.

Isto gera ansiedade, desconforto e *stress*.

Quando você tem uma relação mais aberta com a vida e não tenta exigir que as coisas aconteçam de uma forma exata, é capaz de abrir-se para as possibilidades, porque confia que vai saber lidar com as circunstâncias, quando elas se apresentarem.

Quando, ao contrário, você não confia nisto, precisa tentar engaiolar o futuro e, para tanto, tende a estabelecer uma relação mais rígida com a vida e a buscar exercer controle sobre tudo que pode ter influência sobre ele.

É claro que não vai conseguir, mas tenta, e isto há de deixá-lo mais tenso do que seria razoável.

A pessoa que aplica a máxima de João XXIII pode regular melhor a sua ansiedade, porque, admitindo que não vai dominar tudo, que não vai corrigir tudo, aceita a incerteza e aprende a lidar com ela, sem *stress*.

Querer controlar e corrigir tudo é tão doentio quanto acomodar-se e não querer controlar e corrigir coisa alguma.

Nas relações interpessoais, esta situação também está muito presente, e o uso da frase de João XXIII pode ajudar bastante. Se você aceitar a ideia de influir sem controlar e de tentar corrigir um pouco e desconsiderar muito, tem maiores chances de construir interações produtivas e agradáveis.

## Dê um tempo à vida

Há pessoas que, tendo vivido experiências difíceis em seu passado, temem revivê-las e passam a tentar criar, obsessivamente, um futuro melhor. Tal obsessão passa, então, a lhes roubar o prazer de saborear o presente, porque estão sempre aflitas e sempre no futuro, o bom futuro que aspiram e que querem criar logo, para que aquela página ruim seja virada rápida e definitivamente.

Essas pessoas se esquecem de dar à vida o tempo de que ela precisa para ajeitar as coisas.

Em certos momentos de nossos embates de trabalho, Getulio Giacoia nos cobrava paciência histórica, que vem a ser, exatamente, a paciência de esperar que o tempo passe e faça o seu trabalho.

Se a pessoa não consegue compreender esta realidade e não concede à vida este tempo, tende a se desesperar quando as coisas começam a fugir de seu controle ou a acontecer em ritmo diferente daquele em que ela espera que ocorram.

Nesses momentos, terá uma sensação de fim de mundo que, mais tarde, perceberá ter sido imprópria e desnecessária.

## Em paz com a vida

A paz com a vida e o que ela nos traz, de que nos falam Roberto e Erasmo Carlos, na canção "Emoções", é o contraponto ao medo de viver e de não saber como lidar com a dificuldade, ou mesmo com a tragédia, se ela vier. Medo da vida.

Lidar com dificuldades, dúvidas, queixas e medos e sair de tudo isso por meio da ação transformadora é criar musculatura, é tornar-se cada vez mais apto. É, também, aceitar a vida como aprendizado permanente e, assim, lidar melhor com os próprios erros e aprender a perdoar-se.

Criar musculatura tem que ver com lidar com objeções e adquirir a autoconfiança de saber que, para além da dificuldade, existe um lugar melhor e que você saberá atravessá-la para chegar a ele.

Como disse, não sou adepto de exortações e, por isto, não acho que basta querer, porque há coisas que queremos, mas não se realizam. É aí que entra a paz com a vida e o que ela nos traz. A derrota não é não conseguir algo desejado, é desistir de tentar outra coisa, abater-se e culpar-se. Não conseguiu desta vez, parta para outra.

A força para realizar e transformar está dentro de você, mas, ao contrário do que apregoam alguns arautos dos modelos mais simplistas da autoajuda, não acho que encontrar esta força seja fácil ou simples. Há que descobri-la, e este é um dos desafios da vida.

É, antes de tudo, descobrir-se e fazer uso do autoconhecimento e do gostar de si mesmo como plataformas, como bases para as ações e escolhas que conduzirão a uma vida feliz.

Isto significa aceitar, inclusive, que o seu caminho para essas descobertas essenciais não é igual e pode ser mais longo que o de seu irmão, de seu pai, de sua mãe, de seus amigos.

Saber disso não torna o caminho mais fácil, mas é importante para ajudá-lo a lidar com as dificuldades e a percorrê-lo com ânimo e confiança.

## *Eu também não sou de ferro*

Estou aqui a dar conselhos sobre como lidar com as adversidades e sobre como passar da queixa para a ação. Acho que consigo agir assim, com alguma frequência, mas também não sou de ferro.

Há algum tempo, circulou na minha rede de correspondentes por *e-mail*, um questionário sobre características e preferências pessoais, em que uma das perguntas era: *"Se pudesse ser outra pessoa, quem seria?"*

Minha filha respondeu ao questionário e sua resposta à pergunta acima foi a seguinte:

"Não consigo pensar em alguém que gostaria de ser, gosto de viver comigo na maior parte do tempo, mas se pudesse pegar alguma qualidade de alguém, "roubaria" do meu pai a sua tranquilidade para encarar as porradas que a vida dá na gente. Ele faz isso de uma maneira que eu admiro."

Antes de mais nada, é bom deixar claro que estou muito longe de ser uma fortaleza. É verdade que consigo lidar, com certa serenidade, com algumas adversidades da vida, mas não fui sempre assim, nem posso garantir que continuarei sendo.

Sei, apenas, que a doença que contraí há alguns anos e que me levou a uma cirurgia radical, em 2001, foi um grande aprendizado sobre limites, sobre como aceitar os fatos da vida e sobre como tirar, de tudo isso, lições para viver melhor. Foi um de meus aprendizados mais críticos, por sua importância e pela dificuldade que tive em lidar com ele.

A vida não acaba quando a gente se depara com limites que não conhecia. Ela muda, estabelecem-se novas exigências, mas continua sendo possível viver e ser feliz.

É desse aprendizado que eu tiro a tal *"tranquilidade para encarar as porradas que a vida dá na gente"*, que a minha filha identifica em mim e que espero continuar tendo.

## Energia mental

*"A alma move toda a matéria do mundo."*

(Virgílio, poeta romano, séc. I A.C.)

Para tudo que fazemos, precisamos de algo que chamo de energia mental.

É ela que sustenta a nossa vontade e é uma coisinha danada que, em certos momentos, desaparece ou se recusa a apresentar-se em dose suficiente para lhe possibilitar fazer o que você precisa.

Está gordo? Regime!!! Cadê a vontade? Cadê a energia mental que vai sustentar a dieta, nas horas em que a vontade quiser afrouxar?

Fisioterapia? Caminhada regular? Estudar matérias menos atraentes? Escrever a monografia de final de curso? Fazer aquele trabalho chato que o chefe pediu e você vem adiando?

Sem energia mental, estas coisas nem começam.

Quando fui operado, em 2001, minha energia mental sumiu. Eu não tinha vontade de fazer nada, nem mesmo de ver TV, para me distrair. A sensação que eu tinha é de que tinham passado meu sistema emocional na máquina de moer carne.

Foi aí, pela ausência dela, que me dei conta da existência da energia mental e de como necessitamos dela para fazer qualquer coisa.

Para mudar algo em sua vida, você precisa de ações transformadoras e, portanto, da energia mental que sustentará sua vontade.

A queixa suga essa energia. Ela é terrível, inclusive porque tem mil disfarces capazes de paralisá-lo.

Fique atento para não enredar-se nas armadilhas da queixa e para não perder a energia de que precisa para mover-se.

## Cuidado com a pressão

Não se esqueça de que, sob pressão, somos dominados por nossos comandos internos.

É nas pressões do trabalho – prazos, metas de desempenho, questões disciplinares, insucessos – que ficamos reféns de nossas características estruturais e adotamos comportamentos menos racionais e, quase sempre, menos construtivos do que os que conseguimos ter quando razão e emoção estão em equilíbrio.

É na pressão de uma briga de trânsito ou de qualquer discussão que pisa no calo do seu "estou certo" que alguém é capaz de cometer bobagens de que se arrependerá mais tarde.

Aprenda a conhecer-se e a identificar as coisas que o deixam sob pressão e tente lembrar-se delas quando as coisas começarem a tomar rumos que você não deseja.

## Valorize o trabalho

Descubra significado no seu trabalho.

Ele é oportunidade de crescimento, não apenas no campo material, mas, principalmente, no emocional.

Ele lhe proporciona "tratar e pelejar", como propôs Camões, e assim lhe propicia, mais do que qualquer outro tipo de atividade, a "criação de musculatura" para lidar com os desafios que a vida apresenta.

## Invista em confiança

Substitua o pensamento positivo gratuito pela capacidade de confiar, em si e nos outros e pela disposição de agir.

Busque as referências oferecidas pelas teorias X e Y, de Douglas McGregor, pela "teoria de ação", de Argyris e Schon, pelo contraponto entre dignificar e "coisificar", proposto por Imanuel Kant e Paulo Gaudêncio, pela sugestão de "dar um A", apresentada por Benjamin e Rosamund Zander.

A autoconfiança, a capacidade de confiar nos outros e a disposição para a ação transformadora nos habilitam, muito mais do que atitudes desconfiadas e pensamentos positivos vazios, a estabelecer relações mais desarmadas e, por isto, mais produtivas.

## Um último recurso contra o desânimo

Muito bem. Você leu este livro, aprendeu que a queixa derruba o astral e que o negócio é agir. Tentou fazer isto, mas, ao fim de várias tentativas, não conseguiu os resultados que buscava e já dá sinais de desânimo.

Isto pode mesmo acontecer, de vez em quando.

Aí, não tem jeito, precisamos apelar para o primeiro capítulo.

Quando, ao final de muitas investidas, as ações transformadoras ainda não tiverem dado resultado e você começar a ser dominado pelo desânimo, volte ao primeiro capítulo deste livro, o que fala daquela disputa desvairada entre espermatozóides, de que você participou.

Lembre-se de que você, ainda que obedecendo a um comando da natureza, quis ganhar aquela corrida primal. Pergunte-se, então, se está arrependido de ter lutado tanto para receber a bandeirada e a consagração de conquistar a vida.

Como tenho certeza de que você vai responder que não se arrepende, confio, também, que vai renovar suas forças e dar um jeito de retomar a luta.

O escritor Fernando Sabino contava que seu pai dizia:

– No fim, tudo dá certo. Se ainda não deu certo, é porque não chegou ao fim.

É o que, acredito, vai acontecer com as suas tentativas: ainda não deram certo, mas vão acabar dando, talvez num caminho diferente daquele que você tentou inicialmente.

Continue lutando. Vai valer a pena.

Uma das boas formas de fazê-lo é "dar uma respirada", tomar um fôlego existencial e refletir sobre seus atos anteriores.

É comum que, envolvida pelos problemas e dificuldades, a pessoa se sinta perdida e acabe optando mais pelo esforço do que pela lógica, o que a leva a fazer escolhas inadequadas.

Nessas paradas para "respirar", a gente costuma conseguir sair um pouco do palco onde está exercitando as tentativas frustradas e, assim, acaba por encontrar alguma serenidade para analisar o que vem fazendo.

Aproveite a parada, também, para conversar com um amigo ou uma amiga. Alguém menos envolvido sempre ajuda.

É frequente que, após essas paradas, a pessoa encontre outro caminho para as soluções que está buscando.

Portanto, pare um pouco, respire fundo, analise com calma o que andou fazendo, peça ajuda e, como cantou o Raul Seixas, na canção que virou "jingle" da bela propaganda "O melhor do Brasil é o brasileiro", tente outra vez.

E, fundamentalmente, viva e curta a vida, esta fascinante aventura a que você teve acesso quando ganhou, lá no começo da sua existência, uma agitada corrida de espermatozóides.

# Apêndice – Sistema PI

## Por que falar de "PI"?

O "PI" é um interessante instrumento para que alguém possa compreender melhor como somos governados por nossos comandos internos.

Oferece subsídios para o autoconhecimento e, com um pouco de prática, também para o conhecimento dos outros, podendo, portanto, contribuir para a construção da felicidade no trabalho, da forma como eu a vejo e relatei neste livro.

A ideia de apresentar, aqui, seus conceitos mais básicos é registrar a existência das características de personalidade que ele pesquisa e revela, características estas que, por se constituírem em poderosos comandos internos, atuam sem que a pessoa delas se dê conta.

Reflita sobre essas características e tente percebê-las, em você e nas pessoas com quem interage.

É claro que, sem o emprego dos instrumentos do sistema PI, você não conseguirá traçar perfis precisos, nem o seu, nem o de outras pessoas, mas o exercício de reflexão aqui sugerido poderá ajudá-lo a compreender melhor a natureza dessas características e como se apresentam nos gestos e ações de cada ser humano.

É importante que, neste momento, você entenda:

- que tem um perfil enquadrável em algumas dessas características;

- que, por isto, é suscetível aos comandos internos que delas resultam;
- que o mesmo acontece com as pessoas com quem convive.

Isto irá ajudá-lo a entender melhor a si e aos outros e, consequentemente, nos relacionamentos e interações, porque, em vez de julgar, você estará mais apto a compreender.

## Características Primárias

Na estrutura de perfis desenvolvida no "PI", a pessoa é analisada a partir de quatro características consideradas primárias:

- Fator A – Dominância – é a tendência a agir com autonomia (alta dominância) ou, no polo contrário, a tendência a precisar de comando externo para agir (baixa dominância).
- Fator B – Extroversão ou Sociabilidade – é a facilidade ou tendência de interagir com outras pessoas (alta sociabilidade) ou, no polo contrário, a dificuldade em fazê-lo (baixa sociabilidade).
- Fator C – Paciência – tem a ver com o ritmo, contrapondo a tendência de não se condicionar a prazos (alta paciência) com a de querer realizar as coisas no menor prazo (baixa paciência).
- Fator D – Formalidade – a tendência de cumprir regras, de prender-se a normas (alta formalidade) ou, no polo contrário, a tendência de não se prender a regras e normas (baixa formalidade).

Estes são, à luz do sistema PI, os fatores primários dos perfis das pessoas e sua análise muito contribui para a compreensão de seus comportamentos.

As posições opostas aqui indicadas são os extremos de uma variada gama de graus de intensidade de cada característica que, caso a caso, pessoa a pessoa, as pesquisas revelam.

Na prática, será raro encontrar uma pessoa totalmente autônoma, ou totalmente dependente de comando, assim como será difícil encontrar alguém totalmente incapaz de cumprir normas, ou alguém que sempre as cumpre, qualquer que seja a situação.

Os fatores marcam, porém, as tendências naturais que cada pessoa terá, em função de seu perfil, quando confrontada com as situações propostas pela vida e, principalmente, quando estiver sob o comando de seus impulsos ou sob pressão.

Na linguagem do "PI", as pessoas são classificadas como Alto A e Baixo A, na medida que apresentem característica de alta ou baixa dominância, o mesmo acontecendo com os demais fatores primários.

## *Self*, Conceito do *Self* e Síntese

Quando alguém se submete à pesquisa de perfil "PI", recebe, como resposta, além de um laudo completo, com a análise de seu perfil, um conjunto de três gráficos que apresentam os fatores A, B, C e D em três diferentes condições, chamadas de *Self*, Conceito do *Self* e Síntese.

O *Self* revela o perfil comportamental estrutural da pessoa, vale dizer, o conjunto de características que comandarão seus impulsos mais profundos. Em poucas palavras, considera-se que o *Self* revela como é a pessoa, em suas características mais intrínsecas.

As outras leituras – Conceito do *Self* e Síntese – são circunstanciais e variarão a cada momento, porque refletem as condições da pessoa na época da pesquisa.

Como já vimos, o indivíduo pode agir por atitude, ou, nas palavras de Paulo Gaudêncio, sob um código de conduta moral.

O Conceito do *Self* mede a tentativa que a pessoa está fazendo, na época da pesquisa, de ajustar seu comportamento ao que lhe pede o ambiente em que está inserida. Revela, portanto, **como a pessoa está tentando ser**.

A Síntese mede o comportamento que a pessoa consegue ter, no momento da pesquisa. Dizemos que a Síntese revela **como a pessoa está**.

Profissionais que, violentando suas características estruturais, fazem malabarismos para corresponder a expectativas do ambiente, podem apresentar enorme disparidade entre seus gráficos de *Self*, Conceito do *Self* e Síntese.

Não sei avaliar o preço que cada um paga por isto, mas posso imaginar que não é pequeno.

## Sem juízo de valor, por gentileza

Apresentarei, a seguir, algumas tendências de comportamento de pessoas, em função de seus índices altos e baixos em cada fator.

É possível que, por estar sob a influência de suas convicções pessoais e de suas percepções a respeito do que a sociedade considera bom e ruim, você tenha a tendência de julgar que Baixo A é melhor do que Alto A, ou vice-versa, o mesmo podendo acontecer com qualquer outro fator, mas esta não é a lógica do sistema "PI".

Uma pessoa Alto C, por exemplo, pode ser muito bem sucedida em atividades que exijam ritmo intenso, mas terá poucas chances de sucesso em outras, em que a paciência seja um pré-requisito importante, como ocorre, por exemplo, nos hospitais.

Cito este exemplo, porque era uma das coisas que mais me impressionavam, quando, em 2001, fiquei hospitalizado e dependente da paciência de enfermeiros e acompanhantes, por duas semanas.

"Pegar uma veia" de alguém que tenha veias velhacas, daquelas que somem quando a agulha lhes é apresentada, é tarefa que um apressado não pode fazer.

Eu, que sou baixíssimo C, ficava pensando no que aconteceria se tivesse que cumprir aquele papel. Imagino que seriam grandes as chances de um desastre e de muito sofrimento para meus pacientes.

O mesmo ocorre com qualquer outro fator, o D, por exemplo.

Para determinadas tarefas, próprias para um Alto D, cumprir rigorosamente as normas é questão de sobrevivência, da própria pessoa ou das que dela dependem.

Por outro lado, para outras tarefas, próprias para pessoas com Baixo D, a flexibilidade, o "jogo de cintura", pode ser uma característica muito valiosa.

Portanto, altos e baixos índices não devem conduzir a qualquer juízo de valor. São, apenas, características que tendem a tornar alguém mais apto para determinadas atividades e menos, para outras.

O que pode atrapalhar é o excesso de uma ou de outra. Alguém com altíssimo D, pode ter dificuldades em situações que exijam flexibilidade. Por outro lado, o excesso de flexibilidade é um exemplo bem brasileiro de onde podemos chegar, quando temos uma exagerada tendência de não respeitarmos as normas.

Afinal, o exagero no emprego do "jeitinho brasileiro" – "*e se é lição de esculacho, olha aí, sai debaixo, que eu sou professor*", como cantou Chico Buarque – nos faz pagar, frequentemente, preços muito altos, na questão do respeito aos direitos individuais e coletivos.

No mundo empresarial, ambiente em que é mais utilizado, o "PI" se apresenta como um recurso para a humanização do trabalho, e minha experiência em seu uso confirma isto.

Em minha prática profissional com o sistema, na década de noventa, deparei-me com situações em que, influenciadas por um ambiente que criava demanda por determinados perfis, mais valorizados que outros, algumas pessoas muito talentosas estavam completamente "tortas", fazendo gigantescos malabarismos emocionais para tentarem corresponder àquilo que percebiam como expectativa de comportamento adequado.

A oportunidade de terem acesso às informações sobre seus perfis foi, algumas vezes, um importante e positivo divisor de águas na carreira de grandes profissionais.

## Fator A – Dominância

Uma pessoa com **Alto A** tende:

- a assumir riscos e a competir;

- a ter vontade de liderar e de conduzir as coisas a seu modo;
- a questionar políticas e normas e a qucrer mudá-las;
- a se sentir à vontade diante de situações novas;
- no exagero – **A** muito alto – pode tender ao individualismo, a competir o tempo todo e a tratar pessoas como coisas.

Uma pessoa com **Baixo A** tende:

- a ser cautelosa;
- a preferir ajudar e participar da equipe, deixando a liderança para os outros;
- a aceitar, com facilidade, as políticas e normas vigentes;
- a preferir tarefas e responsabilidades conhecidas;
- a ficar tensa em ambientes menos estáveis, mutantes;
- no exagero – **A** muito baixo –, a ter comportamento dependente e submisso.

## *Fator B – Extroversão*

Uma pessoa com **Alto B** tende:

- a dar ênfase ao contato social;
- a sentir-se à vontade nas conversas com pessoas estranhas;
- a preferir trabalhos que exijam contatos e articulações com outras pessoas;

- a ter facilidade em lembrar-se dos nomes, características e histórias de cada pessoa;
- no exagero – **B** muito alto –, à superficialidade e a valorizar, em excesso, a relação social, até mesmo para impressionar os outros.

Uma pessoa com **Baixo B** tende:

- à introspecção;
- a ser mais focada em atividades de trabalho do que nas sociais;
- a ser reservada diante de pessoas e ambientes estranhos;
- a preferir trabalhos individuais;
- a se esquecer dos nomes, características e histórias das pessoas;
- no exagero – **B** muito baixo –, à timidez excessiva e a ser retraída e não amistosa.

## Fator C – Paciência

Uma pessoa com **Alto C** tende:

- a fazer as coisas com calma, sem pressa;
- a ter disposição para planejar as tarefas, antes de entrar em ação;
- a ter ritmo menos intenso e, consequentemente, menos tenso;
- a não se ligar muito a horários rígidos;
- a sentir-se bem na realização de tarefas repetitivas;

- a ser capaz de ouvir pacientemente;
- no exagero – **C** muito alto –, a ser lenta demais, a sempre querer fazer as coisas no seu ritmo, a não cumprir prazos.

Uma pessoa com **Baixo C** tende:

- a estar sempre pressionada por um sentido de urgência, que vale para si e que transmite aos outros;
- a não gostar de planejar – tarefa que exige reflexão e parcimônia – preferindo "sair fazendo";
- a ter ritmo acelerado e, consequentemente, mais tenso;
- a não gostar de atrasos, nem seus, nem dos outros;
- a impacientar-se com atividades rotineiras e repetitivas;
- a não deixar que as pessoas concluam as frases, a atropelá-las.
- no exagero, a pressionar excessivamente a si e aos outros, assumindo prazos difíceis de cumprir. Pode tender, também, a ter comportamentos tensos e impacientes, sendo pouco tolerante e sujeito a explosões, diante de obstáculos que ameacem retardar sua chegada aos resultados que busca.

### *Fator D – Formalidade*

Uma pessoa com **Alto D** tende:

- a ser formal e a precisar de normas bem definidas;

- a enfatizar o método e a exigir que tudo seja feito de acordo com as normas;
- a buscar as opções que lhe pareçam mais seguras;
- a prender-se aos detalhes da tarefa e, por isto, a ter dificuldade para delegar;
- no exagero – **D** muito alto – pode ser compulsiva e excessivamente rígida consigo mesma, com os outros, com tudo.

Uma pessoa com **Baixo D** tende:

- a ser informal e a ser mais flexível quanto às normas que, quando em excesso, irão incomodá-la;
- a ser menos preocupada com o método e mais com o resultado a alcançar;
- a não sentir desconforto com riscos e incertezas;
- a ter facilidade em delegar tudo que lhe pareça detalhe, porque não se prende a eles;
- no exagero – **D** muito baixo –, a resvalar para a rebeldia e a indisciplina, ter desatenção excessiva a detalhes e ser aventureira demais.

## *Combinação de fatores*

Além dos comandos internos primários, acima descritos, há que se considerar que as combinações entre dois fatores também influenciam, decisivamente, o comportamento pessoal.

Afinal, ninguém se expressa em seus atos apenas pela atuação de um dos fatores.

Eles atuam de forma integrada e influenciam uns aos outros.

Os especialistas em "PI" levam isto em conta ao fazerem a análise de um perfil, porque a combinação de fatores pode enfatizar ou modificar determinadas tendências comportamentais e, em alguns casos, pode até acrescentar novos elementos ao quadro comportamental.

A título de exemplo do efeito de um fator sobre outros, posso citar o fator Baixo C, tendência a ritmo forte, a comportamento mais tenso. Ele enfatiza o fator que predomina na personalidade do indivíduo, caso o fator predominante seja um Alto A, Alto B ou Alto D.

## Combinação dos fatores A e B

Dentre as combinações de fatores, destaco uma que se revela extremamente poderosa, a que cruza a dominância e a extroversão.

De fato, da combinação entre esses fatores resulta outro poderoso comando:

- A tendência a priorizar o projeto, a meta objetiva, mais do que as pessoas que estejam colaborando para isto. Esta tendência é observada quando, nas medições do PI, a dominância é mais forte do que a sociabilidade. Na linguagem utilizada pelos técnicos da empresa "Arquitetura Humana", essas pessoas são classificadas como "tecnicamente orientadas".

- A tendência oposta, de priorizar as pessoas que estão envolvidas com o projeto, ainda que, eventualmente, com sacrifício de seu resultado objetivo. Esta tendência é observada quando, nas medições do PI, a sociabilidade prevalece sobre a dominância. Pessoas com essa combinação de fatores são classificadas de "socialmente orientadas".

Os especialistas em "PI" destacam que as definições "tecnicamente orientada" e "socialmente orientada" devem ser entendidas como de caráter primário, porque, ainda que todas as pessoas estejam inclinadas à predominância de uma dessas orientações, ninguém é exclusivamente uma coisa ou outra.

É certo, porém, que quando alguém está sob pressão, tende a comportar-se segundo a orientação predominante.

Se, por exemplo, um líder tecnicamente orientado está sob a pressão de precisar entregar um trabalho e surgem obstáculos, ele tenderá a exigir sacrifícios de sua equipe.

Um fato curioso a respeito do tecnicamente orientado é que ele também tende a exigir sacrifícios de si mesmo, dando peso maior aos resultados concretos que busca no trabalho do que ao lazer, ao descanso, à saúde e à família.

Se, ao contrário disto, o líder é socialmente orientado, poderá ter dificuldade em exigir tal sacrifício, principalmente se seu grupo o pressionar contrariamente. É cabível esperarmos que, neste caso, ele tente buscar soluções que não gerem transtornos pessoais para os integrantes da equipe e que acabe correndo o risco de algum prejuízo para os resultados do trabalho, naquelas situações em que pedir um sacrifício extra ao grupo e a si mesmo seja algo indispensável.

Qual a opção correta? Não posso afirmar, mas provavelmente será algo intermediário. Se ele conhecer suas próprias características e orientações, terá mais chances de distinguir razão e impulso e de saber equilibrar seu comportamento, seja qual for sua tendência primária.

# Referências

A arte da possibilidade – Rosamund Stone Zander e Ben Zander – Editora Campus – 2001.

A Força e o Poder das Equipes – Jon R. Katzenbach e Douglas K. Smith (The Wisdom of Teams), tradução de Pedro Catunda – Editora Makron Books – 1994.

Agência Correios de Pinheirinho do Vale – Revista Exame – edição de outubro de 1998.

As 17 Melhores Histórias – Almanaque Chico Bento – Maurício de Souza – Editora Abril – 1982.

Como resolver as crises de antigerência – Ichak Adizes – Biblioteca Pioneira de Administração e Negócios – 1987.

Curva da Transformação – Apostila do seminário "Breakthrough" – Silvana de Aguiar, da ANTAR – Processos de Transformação – 1994.

Entrevista com Bernardinho – Programa Conexão Roberto D'Ávila – TV Brasil.

Entrevista com Cristiana Oliveira – Revista Caras, em janeiro de 2006.

Entrevista com Mario Sergio Cortella – Programa Conexão Roberto D'Ávila – TV Brasil.

Entrevista com Paulo Coelho – Programa Manhattan Connection – Canal GNT.

Ideias que paralisam – João Gabriel de Lima, Revista VEJA, edição de 30 de março de 2005.

Dá pra viver mais devagar – J. Walter – Recebido por *e-mail*.

Janela Johari – Harry Ingham e Joseph Luft – Apostila do Seminário de Desenvolvimento Odebrecht – 1991.

Men at work – Paulo Gaudêncio – Editora Memnon – 1995.

Não faça tempestade em copo d'água... – Richard Carlson – Editora Rocco – 1998.

Necessidades básicas – Abraham Maslow – Apostila do Seminário de Desenvolvimento Odebrecht – 1991.

No caminho de Santiago – 20 anos depois – Paulo Coelho, na revista O GLOBO, de 23 de abril de 2006.

Nossos dias melhores nunca virão? – Arnaldo Jabor – Coluna do jornal O GLOBO.

O homem à procura de si mesmo – Rollo May – 1976.

O sucesso é ser feliz – Roberto Shinyashiki – Editora Gente – 1997.

O tempo voa – Jacob Needleman – Disponível em: <www.francianeulaf.com/tempo/artigos/tempo_voa.htm>.